U0143006

教育的密碼

教育學核心議題(二)

林逢祺　洪仁進　主編

張建成　張芬芬　沈姍姍
唐淑華　方永泉　方志華
張鍠焜　洪如玉　陳伊琳
　　　　合著

五南圖書出版公司 印行

■ 主編序

　　臺灣師範大學教育學系兩年前（2016）在學校教學發展中心及五南圖書出版公司的大力支持下，禮邀來自各大學的傑出學者撰文，提供關心教育學核心議題的師生及社會大眾閱讀，並利用週四早上 8:20-9:50 的時間，一同聆聽撰文學者導讀論文內容、提問討論、深入探索，除了滿足求知渴望，亦藉此發展透視教育現象的能力，習取教育研究的方法。

　　第一年的早讀會成果，已於 2017 年 12 月由五南集結出版，名爲《請問盧梭先生》，意在彰顯反省思維在教育探究過程中的重要性。本書是早讀會第二年的成果，名爲《教育的密碼》，呈現的是解開教育問題的九個關鍵思考。

　　本書共收錄九篇論文，各篇論文分別提供一個解密教育的要領：「家長主義的興起及實踐」說明新右派的意識型態如何左右當前教育的運作模式；「你用哪副透鏡看世界？——以譬喻認識質性研究 vs. 量化研究」析論不同研究法何以預先決定了我們所見教育的形貌；「從邊陲國家看比較／國際教育，世界是否會不同？」引領我們看清教育創新絕非主流國家的專利；「有『願』就有『力』嗎？——正向心理學觀點」解析學生的希望感消失的緣由，以及如何才能重建；「說的教育 vs. 聽的教育」闡明受教者所以見不到眞相，往往是因爲只接受「說」的教育，而缺乏「聽」的涵養；「母愛是天性嗎？——母愛十問」肯定成功人生與母愛密切相關，同時母愛乃是人人可學習、可實踐的道德基礎；「Honneth 的肯認理論及其在學校中的運作原則」揭示成功教育的兩項必要條件：對受教者的愛與敬；「解構是教育文化的危機或轉機？解開解構六顆『胡桃殼』」澄清解構不是標準或傳統的毀棄，而是啓動生成、發展的契機；「有德就有福嗎？—— Aristotle 的觀點」提醒我們一個遺忘已久的智慧：教育的目的是幸福，道德也是，而教育便是在培養德行的過程中，爲受教者奠定幸福的基石。

　　本書的出版，爲臺灣教育領域提供了清晰、嚴謹而又具創造力的寶貴文本，無論在理論或實踐層面，皆有高度參考價值。在此特別感謝幾個關鍵的

助力：首先感謝參與撰文的學者們排除萬難，辛勤寫作，並親臨臺師大演講，為所有聽講人帶來一場又一場豐盛的知識饗宴；研究生李宜航、李明昇肩負早讀會的聯繫和一切庶務，積極盡職，熱心感人；臺師大教學發展中心和五南圖書出版公司對我們全力支持與協助，才能讓早讀會的運作和本書的出版由夢想成為真實，在此一併致謝。

我們將持續耕耘，廣邀學者為早讀會撰稿，以供給臺灣教育學術界源源不絕的活力與佳作，並為教育革新打造厚實的學理基礎。這個學期（2018年9月）第三年度的早讀會正式展開，誠摯邀請各界關心教育的人士蒞臨臺師大教育學系，共襄盛舉，見證早讀會一路成長的足跡和喜悅。

林逢祺、洪仁進
序於　臺灣師大　童心齋
2018.09.10

目錄

家長主義的興起
及實踐

張建成

中國文化大學教育學系專任教授兼教育學院院長

壹、前言

聯合國教科文組織為了促進教育機會均等，設有一「教育全民化全球檢測報告小組」（The Education for All Global Monitoring Report Team），他們於 2010 年出版的報告書（UNESCO, 2010）指出：教育可促進就業、增加收入，亦有益於健康、公民參與和社會流動。教育程度偏低，則可能就業困難、社會流動受限、社會問題增多。當個人或群體的教育成就偏低，他們及其子女在生活諸多方面的邊緣化危機就會升高。教育系統固然提供了補償社會不利的機制，但當機會及成就不盡適當時，則會強化既有的社會區隔（p.155）。

這本報告書，乃一橫跨各大洲，涵蓋已開發、開發中、未開發國家的大規模比較研究，其中，以三個指標來檢測世界各國因教育機會不均而被邊緣化的個人或群體（ibid, p.139）：

1. 教育貧窮的底線：沒有 4 年光陰，很難學會基本的讀寫算技巧。故 17 至 22 歲的人口，接受教育若不足 4 年，即可視為「教育貧窮」，不足 2 年者，更為「教育極度貧窮」（extreme education poverty）。這量度的是一種絕對的剝奪（absolute deprivation）。

2. 最底層的 20%：17 至 22 歲的人口中，累積教育年數最少的那 20% 的人是誰，他們平均接受教育多少年。這量度的是一種相對的剝奪（relative deprivation）。

3. 教育品質：以學習成就表之。

研究結果發現（ibid, pp.138-159）：雖然所有的國家都強調教育機會均等，但總有些人的機會比別人來得好。當國民所得增加時，平均教育年數跟著提升，教育剝奪情形則隨之遞減。一般說來，平均教育年數愈高的國家，接受教育不到 4 年甚或 2 年的人就愈少。在平均接受 8 年以上教育的國家裡，教育年數不到 4 年的人不到 10%。因此，教育裡的邊緣化現象，富裕國家和貧窮國家不太一樣；這主要表現在絕對剝奪的程度上，富裕世界裡，絕大多數 17 至 22 歲的年輕人，都已累積 10 至 15 年的教育，成年之時接受教育不滿 4 年的，幾乎沒有，更別提不滿 2 年的了。可是

在其他的開發中及低所得國家裡，17 至 22 歲接受教育年數不到 4 年的人占 30% 以上，有 11 個國家的數字更高達 50%。至於在相對剝奪方面，許多富裕的歐美國家，如法國、德國、英國、美國，跟南撒哈拉沙漠地區、南亞、西亞的貧窮國家，如馬利、柬埔寨等，則有類似之處：(1) 機會高度不均，某些群體和個人入學後遭遇失敗的風險較高；(2) 教育系統的本身經常強化、鞏固社會不利者的處境。也就是說，不論國家經濟或財政狀況如何，各國內部的教育剝奪或不均等型態，以及教育品質出現缺陷的狀態，通常都跟家庭收入、社經地位、性別、族籍等因素有關。

面對這樣的研究發現，教育社會學者一點都不覺得陌生，甚至更再度藉此印證了一項長期存在的事實，亦即，家計上的貧困或（加上）文化上的弱勢，不論在國際之間或在各國之內，都對個人或群體的教育機會，乃至於教育成就，造成負面的影響。許多教育水平最低的人，都來自具有社會不利特徵的家庭。然而，自現代學校教育系統創建以來，世界各地歷經多次的教育興革，尤其是 20 世紀兩次世界大戰以降的教育改革，大概都跟教育機會均等的訴求具有一定的關係。可是，為何某些人的教育機會及成就，依舊長期受到家庭背景的牽制？而另外的某些人，卻有愈來愈依賴家長照顧或家門庇蔭的趨勢？這樣的發展，顯然背離了「功績主義」（the ideology of meritocracy）的理想，而走上像英國學者 Phillip Brown（1990）所稱的「家長主義」（the ideology of parentocracy[1]）之路，亦即，兒童的成就與地位，似乎已跟個人的能力和努力無關，反而愈來愈由家長的財富與願望所決定。究竟何以致之？其中原委為何？

以下擬分三節，對此作一探討。首先，引述 Phillip Brown 之說，分析家長主義的興起與內涵；其次，引述制度論的觀點，在國家主義與個人主

---

[1] Parentocracy 一詞，甚難以精到且約定俗成的方式譯為中文。惟近日自上海市教育科學研究院之網頁 http://www.cnsaes.org/homepage/html/magazine/jyfzyj/jyfzyj_rdgz/2667.html 查得 2010 年 10 月 20 日發布的一篇文章，即盧乃桂、董輝聯名發表之〈審視擇校現象：全球脈絡與本土境遇下的思索〉一文，將 parentocracy 譯為「家長主義」。雖然這樣的譯法，可能跟法律界之家長主義（paternalism，亦稱父愛主義）一詞有所混淆，但因一時之間找不著其他適當的譯法，故權且借用之。希藉本次對話場合，拋磚引玉，為此一重要概念，共同商議華人社會通用之譯名。

義的辯證關係中，探索家長主義可能存在的基礎；第三，從經驗研究的證據裡，討論家長主義透過子女管教方式以具體落實的途徑。

貳 家長主義的興起與內涵

自 1970 年代石油危機造成經濟衰退之後，講求績效、競爭、市場化、私有化的新右派的思維，便開始挑戰之前的福利國家或社會民主主義政策，而隨著 1979 年柴契爾夫人成為英國首相、1980 年雷根當選美國總統，新右派的意識型態更正式取得政治、經濟，以及教育改革的主導權。三十多年來，此一改革勢頭不因政黨輪替而停止，並形成一股難以抗拒的全球化風潮，影響至為深遠。

改革之初，時任英國肯特大學（University of Kent at Canterbury）講師、現任英國 Cardiff University 特聘研究教授的 Phillip Brown 即撰文指出，英國的教育已進入第三波的社會歷史發展進程，其特徵是「家長主義」興起，兒童的教育愈來愈依賴家長的財富與願望（the wealth and wishes of parents），而非他們自己的能力與努力（the ability and efforts of pupils）。教育選擇的基礎發生轉變，教育也愈來愈不公平。然而，這樣的轉變並非家長所促成，家長的權力也沒怎麼增加，因為推動家長主義的，是國家，決定學校課程教什麼的，還是國家（Brown, 1990）。如今看來，他的危言讜論，可謂一針見血，值得詳細介紹，俾了解家長主義的內涵及其興起的原因。茲節錄原文大要如下，以供參酌（Brown, 1990）。[2]

一、第一波的教育發展

19 世紀的西方，隨著工業化及都市化的腳步，需要新的社會控制形式、新的生產方式、新的社會與經濟安排，故對那些赤貧又從未受過教育

---

[2] 本節以下之文字，編譯自 Brown（1990），為求行文簡潔易解，多有穿插重組原文前後段落之情形，不太方便逐一引註說明出處頁碼。惟此一作法，仍屬大段落、大篇幅之引用，就一學術形式之對話或討論而言，實乃權宜之計。如需引用，仍請參閱 Brown（1990）原文，以免誤觸學術倫理之紅線，敬請諒察。

的大眾或危險階級（dangerous classes）來說，大家開始相信或許學校能幫得上忙。故而開始提供大眾教育，推動全民學校教育（mass schooling）。不過，當年一個孩子接受的教育，端在符應他的身家背景，而非超越既有的社會階層。教育主要是在提供區分的功能（a differentiating function），一方面維持不同階層各自的生活形式，另方面供應不同階層經過適當社會化的成員，令其各安其位。

於是國家開始辦理小學教育，提供低階層、勞動階級的小孩入學機會，教導符合他們社會地位的基本知識。亦即，當時的小學教育，主要就是提供符合最低要求的必要教學，讓勞動階級的窮人能夠在變動的社會裡盡自己的本分。學校是用來改善儀態、促進宗教信仰、確保紀律的，讓平民百姓溫順而有教養，故由受過特別訓練、較低層級的教師，教育低階層的民眾去就低階層的職業。中等教育則不然，直到 20 世紀初，依舊保留給中產階級，提供適合培養紳士的教育，確保社會與經濟菁英之再製。公學與文法學校的課程都是學術性的內容，為專業生涯預作準備，俾跟平民百姓的教育有所區隔。

要言之，第一波的教育發展，是以社會階級作為主要的教育組織原則或教育選擇基礎。

二、第二波的教育發展

兩次世界大戰之間，由於促進社會正義和共同文化的需求，1870 年代萌芽的機會階梯（the ladder of opportunity）概念，才逐漸拓展為全民中等教育的呼籲，期能打破初等及中等教育分屬不同社會階級的傳統。彼時，又因無技術的工作迅速消失，多數職業所需之知能有所提升，時代的氛圍也認為教育的擴張可以促進經濟的繁榮。因此，第二波的教育發展，指的大致是二次戰後的中等教育全民化運動，以英國來說，約於 1944-1976 年間。此時，作為教育組織原則或教育選擇基礎的意識型態發生轉變，從出生時的身家背景，轉為年齡、性向、能力等成就因素。這種「功績主義」的教育體制，賦予所有的人均等的機會，不再根據社會出身，而

是以個人之成就來決定其教育及職業生涯。

　　然而，1944 年通過之教育法案，形成的是三軌學制，雖然不少社會背景不利的優秀兒童，得以進入學術性的文法中學，使其成就表現有所提升，但長期以來的家門庇蔭體制（sponsorship）依舊持續運行。亦即，三軌學制並未完全釋放勞工階級的才能，促成均等機會；於是，綜合中學教育（comprehensive education）乃應運而生，用以終結那些限制優秀勞工階級學生實現他們教育與經濟潛能的措施。只不過，1960 及 1970 年代綜合中學的擴張固然改善了教育的水準，但勞工階級卻未顯著改善他們的教育或生活機會。

三、第三波的教育發展

　　1960 年代大量的教育投資（綜合中學），在經濟效率方面，並未防止 1973 年石油危機所引發的經濟衰退，以及其後高比率之青年失業；在機會均等方面，綜合中學教育的支持者，也找不到太多令人心安的研究證據，證明功績主義已然落實。這兩方面的未能達標，引發很大的政治辯論，到底選擇性教育與綜合性教育、國家壟斷的教育與市場導向的教育，孰優孰劣？不僅雇主的抱怨日增，歸咎學校不符產業需要，憂心子女向下流動、進不了大學的中產階級家長，也開始把孩子往私立學校送。於是，綜合中學教育遂成為當年卡拉漢（James Callaghan）工黨政府的燙手山芋，公立教育系統也成為英國社會與經濟難題的代罪羔羊。

　　看到這樣的局勢，右派人士毫不猶豫的利用大家對教育產品的焦慮不安，展開有力且成功的遊說，破壞第二波的意識型態基礎。在論及教育的危機時，指稱綜合中學的「實驗」，為了讓教育系統迎合社會主義的社會正義觀，犧牲了競爭與卓越的精神，不僅失敗，也造成教育標準的下跌。右派指出，英國教育的退步，部分來自學校成了促成均等的工具，而非教育兒童的機構。右派關心的是，教育上的地位階層和權威，需與社會上的地位階層和權威維持明確的關係，所以強調更多的選擇性與更高的多樣性。然而，若要明目張膽的以社會出身為基礎來重組教育系統，在政治

上恐不易爲人接受，所以他們乃暗度陳倉，假市場之名，提出解決之道。在家長擇校、學術卓越、個體自由等說詞背後的信念，是教育系統依市場規律運作，便可解決前述的地位階層與權威的問題，因爲不同的人將會就讀不同的學校。右派人士多年企求的，就是打破綜合中學系統，建立不同類型的學校，而這只要現行之公立學校也必須競逐消費者時，就能很快實現。

　　1970年代後期以來的第三波教育發展，講求的是教育私有化，或「私有教育全民化」（independent education for all），「家長主義」取代「功績主義」成爲主要的教育組織原則或教育選擇基礎，打著家長擇校、教育標準、自由市場的口號從事教育改革。而爲了推動私有教育全民化，便須把學校當成個別的教育行號，就像現有的私立學校一樣，服膺市場的誘因與紀律。這樣的教育安排有一主要的好處，便是可把差異性與選擇性放到最大，任何想對消費者進行國家壟斷或提供統一服務的企圖，皆予拒絕。故推動私有教育全民化，有兩個條件，第一，所有的家長都能自由的將子弟送往合乎他們意願的學校就讀；第二，每所學校都能提供強大的財政誘因，以吸引消費。教育私有化的目的，就是要提供全民私立教育，賦予家長現在只有富人才有的權力，爲其子女選擇最適當的教育。要實現此一目標，便須提供學校不受地方教育當局束縛的機會。因爲教育的供需不該有限制，開放學校自由競爭，可提升所有人的教育標準，並提供家長眞正的選擇。無法招足學生的學校，就該關門歇業。

四、家長主義：國家只控管不擔責

　　英格蘭與威爾斯1988年的教育改革法案，有關學校財政稽核、開放入學、活動收費、轉爲政府經費維持的學校等規定，均是促進教育私有化及私有教育全民化的步驟。而有關7、11、14、16歲學生實施正式測驗評量的規定，意在提供家長必要的消費資訊，助其決定送孩子讀哪所學校。正式測驗與核心課程的訂定，都是爲了提升標準。所以，當右派人士說學校要多樣化，但他們卻又要求具有嚴格的一致性，在選擇、個體自由這樣

的說詞外，教育系統實際上是變得更為中央集權，教師和家長其實對學校課程的控制權是較低微的。即使聰明能幹的孩子因為缺乏財務支援而失敗，政府或國家也無須負責，不用管教育的競爭是否公平，只要把一切推說是家長選擇的就沒事。

　　國家在教育系統、學校教育的組織和內容上擴張了控制權，以確保達成適當的教育標準，但卻減少了對於教育選擇及其結果的責任承擔。選擇交由市場力量決定，國家不再監控人民對於教育的爭逐。透過教育的私有化，將教育結果的責任直接了當的移給學校及家長。假如學校不好，就換一所。假如小孩書念不好，家長就要反求諸己，可能是自己未能充分注意給孩子選學校，也可能是錢未投資教育，而花到西班牙度假去了。消費者至上，自己的決定，自己負責。

　　至此，第三波的教育發展似乎又回到第一波的原點，重新成為一個以社會階級作為教育組織原則或教育選擇基礎的狀態。

個人主義與國家主義的辯證

　　前述 Phillip Brown 運用家長主義的概念，對於近年新右派教育改革所做的分析，其實其他的學者也曾做過類似的觀察。茲引二例說明如下：

　　　英國學者 Mike Cole（1989: 8-12）指出，從 1979 年柴契爾夫人拜相組閣後，便厲行新右派的意識型態，全面貫徹強化國家資本及國際競爭的政策……社會福利腐蝕，失業人口增加，貧富差距拉大。而在教育機會方面，1986 年的教育法案（Education Act）及 1988 年的教育改革法案（Education Reform Act），堪稱英國 1944 年以來最大的變革，可是政府卻詭譎地創造了一個必須同時接受中央控制及市場節制的教育系統。所謂中央控制，係指中央政府跳過地方教育當局（LEA），推出「國定課程」（National Curriculum），提高學科標準，增加國家考試的次數，直接篩選並補助學校經費，

使得地方教育當局的預算權及決策權迭遭削減。所謂市場節制，係指學校依自己的品牌及資源調整學費，學生與家長按自己的消費權及資本額選擇就讀，一切遵照市場供需法則自由競爭，視教育為私有化的財產。這樣的制度下，為廣招徠，逼得老師疲於應付國定課程和國家考試，偏重事實記誦及成績爭逐之學，無暇他顧。學校教學是增加了，教育卻減少了（more schooling, less education），勞工階層、黑人子弟及女性同胞的教育遭到剝削，階級、性別與種族的機會均等政策亦備受忽視。（引自張建成，2002：33）

美國學者 Michael Apple（1993 & 1996）認為這種現象，是「威權民粹主義」（authoritarian populism）的表現。據他觀察，世界主要的民主國家……幾乎都有此一趨向。像美國從雷根時代開始，教育政策即不斷強調基本學科與「傳統價值」的教學，鼓勵學校競爭，也鼓勵個人競爭，要求師生努力達成「國家標準」（National Standards）。Apple 認為這樣的政策，係以民主政府與資本主義經濟長久以來的緊密關係為立足點，從此出發，藉著減少政府干預、開放充分機會、尊重個人（家長）抉擇、促進公平競爭、積蓄私人資產等形式手段，完成國家主義的實質目的。亦即，施政的最終目標，在以合乎民主、自由、平等的程序，來發達國家資本，壯大國力，奠定睥睨世界的強權或霸業。所以，表面看是交付市場機制，打破壟斷，追求卓越，內裡卻是遂行集權統治，建構新的寡頭獨占。（引自張建成，2002：33-34）

這裡面比較令人好奇的是，不論是家長主義的主張，或是威權民粹主義的現象，新右派集團何以能將中央集權與市場機能這兩種看似矛盾的政經力量，巧妙地串連起來，主導近年最新一波的教育改革？由這個集團的成員來看，一方是戮力維護傳統權威與菁英文化的保守派，另一方是來自古典自由主義，強調個體自由與市場經濟的市場派人士，他們的結盟看似

不易，實則不然，因為他們分別代表和反映的集體主義（或國家主義）與個人主義，長久以來一直都是構成現代教育興革的兩條發展軸線，兩者之間的辯證關係當走到第三波的時空環境時，可能出自偶然，也可能歸於必然的，就譜出了這麼一支合奏的曲子。

關於個人主義與國家主義在現代教育興革上的辯證關係，現任美國埃默里大學（Emory University）教授 John Boli 及史坦福大學（Stanford University）教授 Francisco O. Ramirez 兩人早年合著的〈World culture and the institutional development of mass education〉一文，說得十分扼要清晰，特摘錄如下，以供參酌（Boli and Ramirez, 1986）。[3]

從制度論的角度來看，現代大眾（全民）教育的興起，涉及四組不同歷史力量的辯證關係，包括：(1) 個人主義與集體主義（特別是民族主義或國家主義）；(2) 信仰與理性主義；(3) 國家發展與跨國（國際）體系；(4) 經濟擴展與貧窮化。這四組辯證關係彼此關係密切，但最事關緊要的，還是第一組個人主義與國家主義的辯證關係。獨立自主的個人和獨立自主的民族國家，是構成現代全民教育的兩個基本實體，然後加上學校教育組織以及校內的教師、學生、校長等地位角色，全民教育才得以運作，也才得以理解。至於信仰上帝的事，已跟學校教育漸行漸遠，日益成為私人事務。

一、個人主義的興起

這跟西方 12 世紀之後人文主義逐漸抬頭有關，如 1215 年《大憲章》之類的文獻顯示，當時的貴族聯合起來透過司法及同儕審判的機制，限制君王專制的權力，同時隨著 12、13 世紀經濟活動的熱絡，中上階級也起

---

[3] 如同註 2，本節以下之文字，編譯自 Boli and Ramirez（1986），為求行文簡潔易解，多有穿插重組原文前後段落之情形，不太方便逐一引註說明出處頁碼。惟此一作法，仍屬大段落、大篇幅之引用，就一學術形式之對話或討論而言，實乃權宜之計。如需引用，仍請參閱 Boli and Ramirez（1986）原文，以免誤觸學術倫理之紅線，敬請諒察。另，有關現代教育系統之社會起源，請參閱 Archer, M. S. (1979). *Social origins of educational systems*. London: Sage.

而爭取更多、更具體的社會及經濟權利，如職業選擇權、財產權、遷徙權等，這些都有人文主義的意義。特別是到了 15 世紀的文藝復興，認為人有很多的活動都可跟神祇分開，人文或人性可以作為獨立的研究題材，因而對於個人本身，而非其社會屬性有所關切，也就變得相當正常。

16、17 世紀的宗教改革及宗教戰爭，由爭取宗教自由權而來的良心自由概念，成為所有民權的基石。馬丁路德、喀爾文等宗教改革者，認為救贖是個人自己與上帝之間的事，不必教會的媒介，個人可直接透過其與上帝的私人關係，為自己的精神信仰負責。因此，基督徒須能識字，以便研讀聖經，藉以了解基督，了解上帝的旨意。於是乎，一方面宗教改革者花了很大的工夫，將拉丁文的聖經譯成各地老百姓能懂的方言，另方面通過學校教導全民識字以閱讀方言版聖經的需求與實務也開始發展。

當個人作為個人自身，而非作為群體成員之權利與責任，如同上述宗教改革者所努力的，成為一種公認正當的道德關懷時，社會便開始建構抽象且可普遍適用於全民的「個人」概念。之後，民族國家興起，上帝被挪到一個比較次要的位置，也使得此一普遍、抽象之「個人」概念的社會建構工作更向前邁了一步。此一過程之最重要成果，就是兒童（即獨特之個人）和兒童期（即人生的一個獨特階段）這兩個概念的建構。

二、兒童期與兒童之社會建構

中世紀時期，兒童仍被當成小大人看待，基本上是由成人的觀點來看小孩。直到 16、17 世紀的宗教革命，始出現「由小看大」（the childhood shews the man）的觀念，認為小孩從小以新教徒的方式養育，長大後就比較可能留在新教裡，養育時的新教徒成分愈重，他們就愈不可能回歸天主教會。而天主教會在反擊時，像耶穌會這類的組織，也接受類似的兒童概念（以及抽象而普遍的「個人」概念），致力兒童教育。他們從 16 世紀中葉以來所發展的教學法與師資訓練，直到 19 世紀都是天主教與新教徒雙方的範本。

宗教改革的另一個貢獻，就是基於個人通過自己與上帝的關係以得救

贖的立場，提出「兒童天眞無暇」（the innocence of the child）的概念，這開啓了 17 世紀有關兒童本性、養育、社會化與教育理論的研究。像洛克、盧梭、康美紐斯的學說，大家都耳熟能詳。

到了 18、19 世紀，歐洲政經局勢的發展，一方面出現了強大的民族國家，另方面出現了強調進步的意識型態。此一強調進步的概念，將兒童及未來的社會連結起來；假如兒童將來面對的是一個不同於上一代的世界，便須以不受傳統束縛的全新基礎來教育他們。與此同時，國家取代了其他的社會群體，成爲個人身分認同的主要來源，而國家的成就，有賴所有可用資源的充分運用。國家的成就，不全然來自軍事力量，經濟發展與技術變遷亦有貢獻，是以所有的國民，特別是所有的兒童，便成了國家成就的潛在動能，若排除一部分人民，不讓其接受跟經濟生產和國家忠誠有關的社會經驗，簡直就是自涉險地，即使是棄兒、孤兒或缺乏法理正當性的兒童，亦不例外。爲了開發這些人力資源，遂進一步推動了社會化理論、兒童心理學、兒童發展與教育的相關研究。至此，普及教育的想法可謂萬事俱備，只欠東風，只要國家認爲兒童是國家未來在國際之間獲得優勢的資源，全體兒童接受中央管控之同質教育便指日可待。

三、民族國家與國家主義

民族國家之建國過程，建構了民族政體（national polity）作爲全體公民身分認同的來源與堅貞效忠的對象，讓個別的公民，即國民，免受原屬村落、家庭、地區或其他群體身分的羈絆。歷史的觀察顯示，此一民族政體，不單純是由明確的族群身分自然演化而來的實體，更是爲了建立領土完整、政治控管、文化統一，而歷經長期血腥鬥爭的結果。

民族國家與國家主義的興起，蓋與四項因素有關：即中產階級、交換經濟、國家與教會的鬥爭、國際競爭體系，前兩項因素又可合在一起討論。

一直以來，中產階級都跟國家權力的擴張及有效管理的開展有關。一方面，中產階級是君王金錢收入的來源，這本來是靠徵繳貿易稅及產業

稅，後來則加上借貸。因為隨著交換經濟的擴張，可提供皇家花用的財富自然跟著增加，但君王的需求往往快過經濟的發展，於是借錢給國家就成了歐洲政治不可或缺的一環。另一方面，在後封建時期，國家科層體制發展快速，中產階級愈來愈成為受過教育之專業人員的供應者。貴族階層所受的教育通常帶有宗教的意味，但中產階級比較支持和仰仗的是世俗教育，以助其向上流動。對於受過教育的中產階級來說，教育的價值在於促進專業生活與社會地位。

然而，中產階級不見得支持全民普及教育。19 世紀下半葉，階級的鬥爭主要發生在中產階級與勞動階級之間。彼時之中產階級已取得政治上的優勢，極力抗拒既得利益的外流及學校教育的擴張。他們想要限縮教育系統的規模，開辦分立的學校教育軌道，將地位較高的學術軌道專供中產階級使用，地位較低的職業訓練軌道則留給勞動階級。但不管中產階級如何費力地想把教育保留給中上階層，小學教育還是開放了，因為當年強調進步的觀念、國家主義、普遍的個人主義，加上日益自主的國家力量，沛然莫之能禦，故中產階級只在小學以上的階段擋住了全民普及教育。

接著，由於第三項因素國家與教會的鬥爭跟本文關係不大，故從略。至於第四項因素，國際競爭體系的興起，面對國際競爭，不但國家權力擴大，有關民族政體的建構以及個人對於國家民族的認同，也才有其正當性。建國的過程之中，對於國家與個人之間可能存在之其他中間群體的身分與忠誠，亦須加以消除，故在 19 世紀民族國家之建國過程中，教育遂變得非常重要。當國家擴大其對教育的控制時，原來學校、課程、教學方法上的多樣性便會降低，而以標準化的兒童社會化模式取而代之。即使有連結階級認同的多軌學制，國家主義仍會穿透整個學校教育系統，使之具有統一的性格。而就算個人主義在 20 世紀流向女性、兒童，以及其他過去受到排擠的群體，參與民族政體仍是主要的目標；關於改善不利群體地位之目標，也是把屬於這些群體的人當成個人來處理，而非當成群體來看待。作為公民，個人有義務成為積極主動的國家成員。而正是公民這項概

念，使國家主義與個人主義的辯證對立關係得以解決。[4]

綜上所述，不難發現個人主義的發展，固然爲個人爭取到應有的尊重、自由和權益，並且個人的自我實現，也日益成爲社會普遍重視的價值，不過，當碰到更大的時代潮流，或其他居於主流地位的社會力量時，即使對方會禮遇三分，甚至攜手同行，但這些時候，個人主義往往落入工具的角色，變成對方用來完成自身使命的方法。宗教改革時期如此，民族國家建國時期亦然。

就現代教育的興革而言，自民族國家肇造以來，即便是在民主國家之內，國家主義和個人主義得以和平相處，甚至互相拉扯、牽制而形成某種辯證關係，可是每一次到最後決定教育走向的，還是國家。所以，對照前述 Phillip Brown 所描述的第三波教育發展來看，家長主義看似滿足個人的自由、個人的抉擇，符合個人主義色彩濃厚的社會需求，容易吸引民眾的支持和認同，然而，事實卻是：國家決定教育目標、教育內容（課程）及教育標準（評鑑）之後，交由學生、家長、教師、學校投身自由競爭，能夠達到教育目標、習得課程內容、滿足評鑑標準者，給予認可，失敗者則自行負責。也就是說，歷來的教育興革顯示，在個人主義與國家主義的辯證關係裡，通常都是國家主義爲體，個人主義爲用，並且在這種體用關係中，國家通常都是有權無責，個人則是成敗在己。這樣的不公不義，實在很難讓人相信是發生在我們引以爲傲的民主社會裡，究竟是什麼樣的社會力量支撐了這樣的教育改革，使得成敗雙方皆無異議，不免令人好奇。

---

[4] 史坦福大學制度論陣營出身的學者，看法大致相近。例如，現任紐約州立大學（SUNY）教授 Aaron Benavot（1997）指出，現代大眾普及教育的起源，蓋與下列三者緊密相連，一是民族國家體制的支撐，二是獨立自主個體的頌揚，三是公民職權規則的開展。

家長主義的實踐：家庭管教與國家教育的符應關係

　　日本學者 Tendo（2013）指出，2006 年日本第一次修訂二次戰後 1947 年訂頒的《教育基本法》（*The Basic Act on Education, Kyoiku-kihon Ho*），裡頭涉及家庭教育的問題，因為自 1980 年以來的教育改革，大都認為虐待兒童、少年犯罪、霸凌、學校暴力、兒童心理困擾、逃學等等，都是因為家庭功能不彰、家長失能。然而，過度強調家庭責任，不免造成過度教育導向的家長。1960 年代，功績主義的意識型態在日本流行的時候，出現了所謂的「教育媽媽」（education mothers），2000 年以降，我們又看到了一種新的兒童中心教育及親職工作，即家長主義的意識型態。家長完全以教育為導向，至為關切子女的教育成功，把重點全擺在家庭教育上，對此，Tendo 稱之為私有化的再製策略（the privatization of reproductive strategies）。

　　巴西學者 Nogueira（2010）也指出，二次世界大戰結束以來，教育日益大眾化，為了勝過別人，使得大家持續爭逐更多更好的教育，以增進子女的競爭力。所有社會階級的教育投資都增加，中產階級尤然。他們變得更為主動、更為介入，投注更多的時間與精力，以確保社會再製。中產階級這方面的動員（ibid, p.257），包括：(1) 密集監視學校活動、協助家庭作業、參與學校的行政管理；(2) 磨練選擇學校的技巧，例如，獲取學校系統的資訊（包括評鑑結果與排名）、辨別和解釋不同教育機構的能力、處理部門法律的力量（像是調集各路人馬施壓公家機關、影響招生與分流政策、課程內容等）；(3) 激勵子女的認知發展，家長設下密集的時間表以安排課餘的時間（運動、美術班、外語等），且這已成為教養子女的一部分。Nogueira 認為，這些都是家長主義的一部分。

　　當大家都有共識，認為家長參與是決定子女教育成就的必要因素時，一如 Baquedano-López, Alexander and Hernandez（2013）所言，很可能就會把注意的焦點，從社會不公平轉到家長身上，認為家長參與不夠，沒有盡到教育子女的責任，所以問題還是在家長身上，而與學校無涉。果真如

此，當然也就與國家無涉。

以下，擬歸納作者及其學生有關不同階層之家庭管教的研究發現（張建成、陳珊華，2006；陳怡潔，2005；陳珊華，2004；蘇柏宇，2007），期從家長參與子女教育的角度，說明家長主義在擇校權之外的具體實踐，以及這層實踐與國家教育的關係。

一、理念形式

表1　家庭管教方式的理念形式

層面	生涯管教	人格管教
期望的類型	對子女的生涯期望	對子女的人格期望
對應於期望的管教型態	子女課業管理	子女行為管理

如表 1 所示，家長對子女的管教方式，可分生涯管教及人格管教兩個層面；每個層面的管教，皆由一種期望表徵，以及一套對應於此一期望表徵的管教型態所構成：

1. 生涯管教：與子女未來的學歷、工作、事業、生涯有關的管教。

(1) 生涯期望：對子女的職涯或生涯發展（career development）所抱的期望，有人期望子女出人頭地或頭角崢嶸（完成高等教育，從事專業工作），故積極參與子女的教育；但也有人期望子女安穩度日即可（一切盡力而為，不強求，甚至聽天由命），認為子女的學業成績過得去就行。

(2) 課業管理：跟上述期望之實現最密切有關的，就是學生的課業或學業成績，對子女的生涯期望高的，對子女的課業管理通常也較有計畫或較為嚴格。

2. 人格管教：與子女未來做人處世、待人接物有關的管教。

(1) 人格期望：對子女的人格發展（personality development）所抱的期望，有人期望子女自立自主，挑戰現況，自己作決定，成敗一肩扛（個人主義取向）；有人期望子女安分守己，聽命行事，遵守規定，凡事莫要強出頭（集體主義取向）。

(2)行為管理：跟上述期望之落實最密切有關的就是學生日常的行為表現，對子女的人格期望較偏個人主義者，對子女的行為管理通常也較民主或開明，提供子女自行判斷、選擇的機會；對子女的人格期望較偏集體主義者，對子女的行為管理通常也較專斷或強制，希望子女服從、順從。

通常中上階層的家庭，對子女的生涯期望較高，課業管理較周詳嚴密，對子女的人格期望較鼓勵個人表現，行為管理較強調子女的自我控制；勞動家庭的家長，則對子女的生涯期望較寬鬆，無力指導或支援子女課業，對子女的人格期望較注重循規蹈矩，遵守團體秩序。

二、整體圖像

表2　不同階層家庭的管教差異

階級別／管教別	集權取向	分權取向
中上家庭	生涯管教	人格管教
勞工家庭	人格管教	生涯管教

1. 新中產家庭

(1)生涯管教：相信優勝劣敗適者生存的法則，堅持書要讀到最高點，賞罰集中於課業表現，緊迫釘人，全心全力參與子女的教育（子弟的壓力幾全在此，有焦慮、疏離、敷衍、算計及自殺傾向）。

(2)人格管教：親子間的一般互動比較柔性，比較開明，說服多於高壓，選擇多於專斷。

2. 舊中產家庭

(1)生涯管教：期望子弟青出於藍，但雖認為書讀愈高愈好，卻不會太過勉強，通常只要求子弟盡力而為。（舊中產家庭又可依有無能力指導子弟課業、有無營生壓力做一區分，有能力指導者的管教類型比較接近新中產家庭，無能力指導而又有營生壓力者的管教類型比較接近勞工家庭。）

(2) 人格管教：比起學業成績（鮮因成績責打子弟，子弟亦鮮為成績而作弊），家長似較重視「端正的品行」，兄友弟恭，互助合作。

3. 勞工家庭

(1) 生涯管教：採取聽其自然的態度，子弟的書能讀就讀，不能讀便罷，教育資源缺乏，鮮少參與子女之學校教育活動，日常休閒活動也鮮具支援學校教育（如帶孩子逛書店、參觀美術館等）的功能。

(2) 人格管教：剛性作風，動輒打罵，近乎一個口令一個動作的地步，子弟在校遭人欺負或受到委屈，通常要求逆來順受。

三、教育符應關係

表 3　家庭管教與國家教育的符應關係

場域／教育生產機制	集權取向	分權取向
國家	學校教育之目標、課程、評鑑，由國家機器統一訂定（其中蘊含了大量中上階級的文化價值）。	如何實現國定教育目標、課程綱要、評鑑標準，交由學校、教師、家長、學生自由競爭。
學校	各科教學目標、材料、進度及成績考查，由學校行政依國家標準訂定之。	如何實現各科教學，交由教師、班級、學生自由競爭。
中上家庭	子女教育方向及方針，由家長進行計畫管理。	達成家長教育期望的方式，容許子女有限度的選擇，或以「民主」的方式徵詢（但不見得採納）、說服子女意見。親子間的互動，一般採取比較平權的態度，達到「柔性」管教的目的。
勞工家庭	對子女一般言行採取專斷威權的態度。	對子女之教育發展，採取聽其自然或盡人事聽天命的態度。

1980 年代以來新右集團領導的教育改革，走的是威權民粹主義的路線。在這方面，國家、（中上階級社區的）學校、中上階級家庭的教育方

式，大致呈現相互符應的狀態。勞工階級社區的學校須同時符應國家的教改政策及家長的階級生態，左支右絀，使得勞工階級學生的適應更加困頓。其間關係，示如表 3。

伍 結語

聯合國教科文組織 2010 年之《教育全民化全球監測報告書》，曾引了南非首位黑人總統曼德拉（Nelson Mandela, 1918-2013）自傳中的一段話，說明教育的可貴：「教育是個人發展的推進器，透過教育，鄉野之女可當醫生……農工之子也可成為偉大國家的總統。藉由教育，我們實現的不是外力對我們所作的安排，而是我們自己所擁有的那些與眾不同之處。」（UNESCO, 2010, p.135）遺憾的是，廣大多數的鄉野之女、農工之子在他們的教育經驗裡，似乎不易找到可與這位偉大領袖唱和之處，不但一輩子經濟貧窮，教育也擺脫不了絕對或相對的剝奪。

依Phillip Brown（1990）的分析來看，從 19 世紀第一波到 20 世紀末之第三波的教育發展，社會階級始終是一個強而有力的影響因素，從教育得利的主要都是中上階層，而他們也一直都把這種優勢維持得很好。即使在功績主義喊得震天價響的年代，即 20 世紀中葉第二波教育發展的時候，從右派，如 J. S. Coleman，到左派，如 P. Bourdieu 的研究，都不認為我們的教育是公平的。而近幾年的研究，也不斷從更細微處反覆印證、呼應早期的研究。舉例來說，Calarco（2011）透過長期的人種誌研究，發現在一所社經地位混雜的公立小學裡，中產階級兒童不是靜候協助，而是運用多種策略直接提出要求，故跟勞動階級的同學相比，他們獲得教師更多的協助，更好的完成作業，為自己創造利益。顯然，這跟他們的文化資本有關。另如 Palardy（2013）運用長期資料庫的量化研究，得到類似 1966 年 Coleman 的發現：就讀高社經組合（high socioeconomic composition, SEC）學校的學生，進入四年制大學的比率，比低社經組合學校的學生高 68%，但該研究更進一步指出，這跟同儕的影響（朋友輟學、讀大學的期望）及學校的學術氣氛（重視學術科目等）有關，且同儕的影響力又高於

學術氣氛。

2010 年之《教育全民化全球監測報告書》也引了 1998 年諾貝爾經濟學獎得主 Amartya Sen 的一段話：「光是了解這個世界未盡公平還不夠……唯有知道周遭那些我們想要消弭的不公不義確有補偏救失之方，才讓人心動。」（UNESCO, 2010, p.135）身為師範教育的工作者，我們深信，如果我們所培養的中小學教師可以搞好應試教育，他們也應該能夠搞好消弭不公平的教育，所差的應該是我們提供的線索不齊全、不到位。如何從目前已大量累積的各種立場的研究文獻中抽絲剝繭，理出一些管用的頭緒，正考驗著我們的智慧。期勉之！

 參考文獻

中文部分

張建成（2002）。批判的教育社會學研究。臺北：學富。

張建成、陳珊華（2006）。生涯管教與行為管教的階級差異：兼論家庭與學校文化的連續性。教育研究集刊，*52*(1)，129-161。

陳怡潔（2005）。中產階級國中生對家長課業管教的回應。國立臺灣師範大學教育學系碩士論文，未出版，臺北市。

陳珊華（2004）。小學生文化資本之累積與作用。國立臺灣師範大學教育學系博士論文，未出版，臺北市。

蘇柏宇（2007）。階級、性別與家長管教方式的關係。國立臺灣師範大學教育學系碩士論文，未出版，臺北市。

英文部分

Apple, M. (1993). Thinking 'Right' in the USA: Ideological transformations in an age of conservatism. In Lingard, B., Knight, J. and Porter, P. (Eds.), *Schooling reform in hard times*, pp. 49-62. London: Falmer Press.

Apple, M. (1996). *Cultural politics and education*. New York: Teachers College Press.

Baquedano-López, P., Alexander, R. A. and Hernandez, S. J. (2013). Equity issues in parental and community involvement in schools: What teacher educators need to know. *Review of Research in Education, 37*: 149-182. Washington, DC: AERA.

Benavot, A. (1997). Institutional approach to the study of education. In Saha, L. J. (Ed.), *International encyclopedia of the sociology of education*, pp.340-345. Oxford, UK: Elsevier Science Ltd.

Boli, J. and Ramirez, F. O. (1986). World culture and the institutional development of mass education. In Richardson, J. G. (Ed.), *Handbook of theory and research for the sociology of education*, pp.65-90. New York: Greenwood Press.

Brown, P. (1990). The 'Third Wave': Education and the ideology of parentocracy.*British Journal of Sociology of Education, 11* (1): 65-85. (Reprinted in Halsey, A. H., Lauder, H., Brown, P. and Wells, A. M., 1997, Eds., *Education: Culture, economy, and society*, pp.393-408. Oxford: Oxford University Press.)

Calarco, Jessica McCrory (2011). "I need help!" Social class and children's help-seeking in elementary school. *American Sociological Review, 76*(6): 862-882.

Cole, M. (1989). Class, gender and 'race': From theory to practice. In Cole M. (Ed.), *Education for equality: Some guidelines for good practice*, pp.1-24. London: Routledge.

Nogueira, Maria Alice (2010). A revisited theme – Middle classes and the school. In Apple, M. W., Ball, S. J. and Gandin, L. A. (Eds.), *The Routledge International Handbook of the Sociology of Education*, pp.253-263. London and New York: Routledge.

Palardy, Gregory J. (2013). High school socioeconomic segregation and student attainment. *American Educational Research Journal, 50*(4): 714-754.

Tendo, Mutsuko (2013). *Symbolic control and child-rearing strategies in Japan.* Paper presented at the 19th Taiwan Forum on Sociology of Education and ISA-RC04 2013 Midterm Conference in Taipei, hosted by Chinese Culture University from 21-22 June 2013. (see pp.217-227, Conference Handbook)

UNESCO (2010). *EFA Global Monitoring Report 2010: Reaching the marginalized.* Oxford: Oxford University Press.

你用哪副透鏡看世界？——以譬喻認識質性研究 vs.量化研究

張芬芬

臺北市立大學學習與媒材設計系教授兼系主任

壹 前言

　　義大利北部城市蒙扎曾經通過法令，禁止寵物主人把金魚養在彎曲的魚缸裡，因為提議者認為：金魚透過這個彎曲的魚缸，所看到的東西都是扭曲變形的，而這樣做很殘忍。這項法令一時間引發了廣泛的爭議，但在眾多爭議聲中，有一個特殊的聲音，問出了一個石破天驚的問題：作為人類的我們，有沒有生活在一個巨大的魚缸裡呢？這個問題來自理論物理學家霍金（Stephen William Hawking, 1942-2018），最初發表於和Leonard Mlodinow合著的《大設計》（*The Grand Design*）一書中。（柴知道官方視頻，2017年10月9日）

　　身為人類的我們，是否生活在一個巨大的魚缸裡呢？霍金在《大設計》一書裡以此問題引導讀者思考：人們所感知到的世界，是不是透過某種人為的設計／設計物／設計的觀念而得到的結果？霍金認為：這個世界並無既定的（given）樣貌，人們所知的世界，其實是透過不同理論框架看見的，牛頓（Isaac Newton, 1643-1727）古典力學的機械世界觀、愛因斯坦（Albert Einstein, 1879-1955）的相對世界觀，就是提供人們觀看世界的理論框架。霍金這道問題運用了譬喻來激發思考，用魚、魚缸、魚看見的世界，來比擬人、理論框架、人看見的世界。幫助人們理解抽象的學術詞彙，如：真相實情／實在／實在界（reality）、建構主義的世界觀（constructivist worldview）等。

　　運用譬喻來激發人們思考認知方式與認知結果中的諸多問題，其實不止是霍金。無獨有偶，更早的美國文化人類學家克羅孔（Clyde Kluckhohn, 1905-1960）也用魚、魚的知覺、魚的生存世界，來解說一種看世界的方式，他說：「發現水的，幾乎不可能是魚。」（Kluckhohn, 1949, p.19）他藉此提醒田野觀察者，對異文化的探索要抱持「不理所當然」的態度，要以陌生人、甚至外星人更為敏銳的新奇感去體察所見；而不能像魚一樣，因天天生活在水中，而感受不到水的存在。這種運用譬喻

來激發思考、增進理解的作法，初聞時，常會讓人眼睛一亮，深思後，則常有腦洞大開之感。

譬喻是一種文學修辭技巧，古今中外的文學家都善於運用，譬喻甚至使作品更具美感，帶出餘韻無窮之感，且很可能引發出更進一步的的想像與思考。

- 「世界是座**舞臺**，所有男女都只是**演員**；各有其出場和入場……」[1]——莎士比亞《皆大歡喜》（William Shakespeare, As You Like It）
- 「文章是案頭之山水，山水是地上之文章。」——張潮《幽夢影》
- 「我是天空裡的一片**雲**，偶爾投影在你的波心——你不必訝異，更無須歡喜，在轉瞬間消滅了蹤影。你我相逢在黑夜的海上，你有你的，我有我的方向……」——徐志摩《偶然》
- 「小時候／鄉愁是一枚小小的**郵票**／我在這頭／母親在那頭／長大後／鄉愁是一張窄窄的**船票**／我在這頭／新娘在那頭／後來啊／鄉愁是一方矮矮的**墳墓**／我在外頭／母親在裡頭……」——余光中《鄉愁》
- 「也許每一個男子全都有過這樣的兩個女人，至少兩個。娶了紅玫瑰，久而久之，紅的變了牆上的一抹蚊子血，白的還是『床前明月光』；娶了**白玫瑰**，白的便是衣服上沾的一粒**飯黏子**，紅的卻是心口上一顆硃砂痣。」——張愛玲《紅玫瑰與白玫瑰》

以上幾則膾炙人口的文學經典都善用了譬喻，莎士比亞的「舞臺、演員」，張潮的「山水、文章」，徐志摩的「雲、黑夜的海上」，余光中的「船票、郵票、墳墓」、張愛玲的「紅玫瑰、白玫瑰、飯黏子、硃砂痣」……有助於引發我們的想像，也增進了我們對作者感情與思維的領會。

---

[1] 此中文是紫蓉譯（無日期）。

貳 譬喻是什麼

究竟何謂「譬喻」？「**譬喻**或稱**比喻**，是在描寫事物或說明道理時，將一件事物或道理指成另一件事物或道理的修辭法，這兩件事物或道理之中具有一些共同點。」（譬喻，2018 年 5 月 13 日）。譬喻主要有四類型：明喻（simile）、暗喻／隱喻（metaphor）、略喻、借喻／轉喻（metonymy）。本文重點不在探究譬喻這種修辭法，主要是藉譬喻來說明質性研究與量化研究的差異，故不細說四種譬喻的意涵，[2] 也不區分四種譬喻，而將四者概括稱為「譬喻」；本文所舉實例可能分屬不同類型的譬喻，本文將其全部概稱為「譬喻」。

作譬喻意味著藉兩事物的相同處來連結兩事物，將甲物的意義轉移到乙物，而忽略掉其相異處（Miles & Huberman, 1994, p.250）。譬喻通常是藉熟悉物／觀念來幫助人們了解陌生物／觀念，藉具體來認識抽象，藉簡單來認識複雜。例如：「桌面」是人們生活中的熟悉物，電腦設計者以「桌面」為譬喻（desktop metaphor），讓電腦使用者很容易理解到：電腦「桌面」是指顯示器上的某個畫面，使用者可透過操作將電腦裡的文件與文件夾等放在此「桌面」上，就像生活裡的「桌面」一樣，上面可放置文件、照片、圖片與文件夾等。

Richardson（2000, p.926）表示「譬喻是一種文學技巧，卻可成為社會科學寫作的背脊。譬喻就像人的脊椎，[3] 它承擔著重量，支持著運動，埋藏在體表下，卻將各部分連結起來，形成一個功能和諧的整體。」於是，譬喻不只是文學家愛用，社會科學家也常用在寫作中。

寫作時譬喻是一轉義（trope）的重要工具，無論文學創作或科學論文的寫作皆是如此，因為譬喻乃是引領人們由熟悉的心智領域投映到較陌生領域的一種手法。由消極面觀之，譬喻是人們認知上不可避免、必須借

---

[2] 若欲進一步了解四種譬喻的意涵，可參考：課程教材研究所中學語文課程教材研究開發中心（2003）。

[3] 「譬喻就像人的脊椎」，這是Richardson（2000, p.926）用譬喻解釋「譬喻」。這種解釋方式也是人們常用的，可見譬喻法好用且普遍。

用的工具；由積極面觀之，譬喻在形成科學觀念上則能發揮建構功能，這是以 G. Lakoff 為領導者的認知科學近幾十年來的研究重點（李怡嚴，2002）。

　　教育學是一種社會科學，教育研究論文也會用譬喻來表達。教育研究論文可使用各種語言來呈現，文學語言、科學語言均可使用，以下是二則實例。表 1 是文學語言的實例，其中使用了大量的譬喻；表 2 是科學語言的實例，使用變項來表達。我們可留意自己讀到這兩種描述，所得的理解與感受有何差異。

表 1　文學語言／譬喻式語言：實例

「尼采」個案描述一

尼采（Fr. Nietzsche, 1844-1900）像一隻<u>凶惡的狼</u>，雖然死去百年，但他的著作和思想卻像<u>狼的嚎叫</u>那樣留在這個世界上，那是一個**痛苦靈魂**的**叫喊**。尼采對德國的精神史進行過一番<u>透視</u>，發現只剩下「**植物神經系統：生理學**」。他留給後世的不是什麼「**影響**」，而是一種「**傳染源**」，像海涅那樣，那是一種**病毒**，他使讀者受到<u>感染</u>。那病毒不是別的，而是他的風格。尼采的著作最易感染讀者的是他的《查拉圖斯特拉如是說》，這使人想起**喇叭筒**。在一百多年前，他賦予文化預言家在天空<u>**翱翔的翅膀**</u>。為此，在使用詞彙「我」時，產生了一種允許展開批評一切的新自由，和一種事件的參與。

資料來源：原係德文，刊於德國《法蘭克福匯報》2000.8.15尼采逝世一百年。
　　　　　中譯者為李士勛（2000年9月）。

表 2　科學語言／變項式語言：實例

「尼采」個案描述二

・Fr. Nietzsche, 1844-1900，日爾曼人，褐髮，○眼

・身高○○○cm，體重○○kg，體弱，IQ○○分，EQ○○分

・職業：大學教授

・學術派別：存在主義先驅

・重要同儕：叔本華、華格納

・認同對象：拿破崙

・抱負水準：極高（「超人」）

・思想發展三階段與人格特徵

　學習期1869-1875虔誠、服從、學習

　破壞期1875-1881破壞、批判、自由

　創造期1881-1888肯定、創造

・創造期的表現

・精神分裂症、憂鬱指數○○分、憂鬱症第○期

・創造力指數○○分

・宗教態度：反基督宗教

・自我觀念：極度自我肯定

・生活滿意度：極度不滿意

・熱戀期（Lou Salomé）：腦內AGF成分顯著高於失戀期

・創作高峰期1888年：腦部白質部特別活躍

資料來源：筆者運用李士勛（2000年9月）資料改寫。

顯然兩種描述帶給人們迥然不同的感受。描述一採文學語言，其中諸多的譬喻似乎為我們戴上一副透鏡，把我們帶進一個想像的世界——時而聽見野狼的嚎叫；時而感覺到病毒正在蔓延；時而聽見喇叭筒裡傳來激越高亢的呼喊，帶我們拔地騰飛在空中……這正是譬喻的力量。描述二採科學語言，其中的變項語言則為我們戴上另一副眼鏡，帶我們走進一個切割分明的世界，一個冷靜、理性的黑白世界。

以譬喻來抒發情感、表達觀點、溝通理念、傳播新知，並非西方學者專屬。筆者甚至認為：譬喻法可能是中國老祖宗較西方人更擅長的思考與

寫作方式，數千年來中國的古典經籍、詩詞歌賦，以及八股文 [4] 早就不斷運用譬喻來進行說理與描述，寒窗苦讀的學子們也早就不斷學習在譬喻中獲取新觀念了（張芬芬，2002、2015）。

事實上，早在西漢劉向（西元前 77 年—前 6 年）所著《說苑·善說》中，已指出惠施（約西元前 370 年—前 310 年）曾說：「夫說者固以其所知，喻其所不知，而使人知之。」顯示出惠施有意識地運用譬喻作溝通工具——以「知」解說「不知」。惠施這位戰國時代的名家代表，當時即以善用譬喻著稱，而他的好友莊子（約西元前 369 年—前 286 年）更是譬喻高手，《莊子·秋水》紀載了惠施與莊子在濮水之上的「魚樂之辯」，這也可說是莊子與惠施藉譬喻來討論認識論（epistemology）的基本問題——先驗知識（a priori）是否存在；也顯示兩人在認識論上不同的主張。有趣的是，西元前 4 世紀中國的莊子與惠施、20 世紀美國的克羅孔、21 世紀英國的霍金，他們都藉魚來討論認識論問題，為何都是魚呢？為何都是認識論呢？著實有趣。

譬喻既是一種思考與寫作上的好工具。筆者遂決定藉譬喻來說明質性研究與量化研究究竟怎樣不同，希望幫助質性研究的初學者藉著譬喻更容易掌握差異處。

以譬喻認識質性vs.量化研究

質性與量化研究各出自不同的世界觀，對世界的本質與認識世界的有效方法各有不同的主張，猶如各自提供不同的透鏡給研究者（張芬芬，1996），讓研究者看見不同的世界。

何謂質性研究？Bogdan 與 Biklen（1998, pp.4-7）的觀點頗具代表

4　八股文有一固定的結構，就是破題、承題、起講、領題（入題）、提比（起股）、中比（中股）、後比（後股）、束比（束股）、落下（https://zh.wikipedia.org/wiki/八股文）。其中提比、中比、後比、束比合稱為四部，也就是運用各種對仗排比的文字來闡釋一個核心主旨。對仗排比是指兩個詞組或句子呈現出兩兩相對、字數相等、句法相似、意義相關等等特徵（https://zh.wikipedia.org/wiki/對偶）。

性，他們認為質性研究特徵有五：(1) 在自然情境中作研究；(2) 蒐集或產生的主要是文字資料（而非數字）；(3) 研究關注的是歷程（而非成果或結果）；(4) 採用歸納法處理資料（而非證實／否證預設的研究假設）；(5) 著重生活世界裡局內人眼中的意義（而非研究者賦予的意義）。

　　為了要突顯具有這些特徵的質性研究法跟量化研究之間的差異，不少學者提出了說明，而陳向明（2002，頁 14）綜合各家觀點以詳盡的對照表來呈現差異（見表 3）。在理解質與量的差異時，除由對照項目逐一解說外，筆者認為也可藉譬喻來認識兩種世界觀，進而理解質性與量化研究何以採取那些方法去設計研究；去蒐集、分析與詮釋資料；以及研究論文何以會有那樣的樣貌。

表3　質性研究與量化研究的比較

項目	量的研究	質的研究
研究目的	證實普遍情況	詮釋性理解，尋求複雜性，提出新問題
對知識的定義	情境無涉	由社會文化所建構
價值與事實	分離	密不可分
研究的內容	事實，原因，影響的事物，變量	故事，事件，過程，意義，整體探究
研究的層面	宏觀	微觀
研究的問題	事先確認	在過程中產生
研究的設計	結構性的，事先確認的，比較具體	靈活的，演變的，比較寬泛
研究的手段	數字，計算，統計分析	語言，圖像，描述分析
研究工具	量表，統計軟體，問卷，電腦	研究者本人（身分，前設），錄音機
抽樣方法	隨機抽樣，樣本較大	目的抽樣，樣本較小
研究的情境	控制性，暫時性，抽象	自然性，整體性，具體
蒐集資料的方法	封閉式問卷，統計表，實驗，結構性觀察	開放式訪談，參與觀察，實物分析
資料的特點	量化的資料，可操作的變量，統計數據	描述性資料，實地筆記，當事人引言等
分析框架	事先設定，加以驗證	逐步形成

項目	量的研究	質的研究
分析方式	演繹法，量化分析，蒐集資料之後歸納式創新	歸納法，尋找概念和主題，貫穿全過程
研究結論	概括性，普遍性	獨特性，地域性
結果的詮釋	文化客位，主客體對立	文化主位，互為主體
理論假設	在研究之前產生	在研究之後產生
理論來源	自上而下	自下而上
理論類型	大理論，普遍性規範理論	扎根理論，詮釋性理論，觀點，看法
成文方式	抽象，概括，客觀	描述為主，研究者的個人反思
作品評價	簡潔、明快	雜亂，深描，多重聲音
效度	固定的檢測方法，證實	相關關係，證偽，可信性，嚴謹
信度	可以重複	不能重複
廣度	可控制，可推廣到抽樣總體	認同推廣，理論推廣，積累推廣
倫理問題	不重視[5]	非常重視
研究者	客觀的權威	反思的自我，互動的個體
研究者所受訓練	理論的，定量統計的	人文的，人類學的，拼接和各方面的
研究者看法	明確	不確定，含糊的，多樣性
研究關係	相對分離，研究者獨立於研究對象	密切接觸，相互影響，變化，共情，信任
研究階段	分明，事先設定	演化，變化，重疊交叉

資料來源：陳向明（2002，頁14）。

譬喻一：中醫 vs. 西醫

　　質性研究主張整體論（Holism）的世界觀，這與中醫抱持的世界觀一樣。中醫是一種均衡醫學，認為人體是一有機的整體，而不單是各種器官

5　陳向明於此處認為量化研究「不重視」倫理問題，係相對於質性研究而言的，兩者的重視程度有別——質性研究非常重視，量化研究則不那樣重視。再者，筆者推測這種非常明顯的落差，應該主要是指質與量明顯對抗的1970年代、1980年代，而後來量化研究在倫理問題的重視程度上也有所增進。

相加的總和。中醫治病的基本原則是保持整個人體的陰陽調和，形成整體的均衡狀態，而不只是處理單一器官的病況。每人的體質、各種飲食、各種藥材都有其冷熱性質。人若生病，中醫師對病患望聞問切，依整體表現去診斷病情，然後依體質的冷熱虛實來開列處方，運用藥材與飲食，甚至改換生活環境、居住空間，期調整失衡的人體，以達均衡狀態。整體論的世界觀主張：人體內部組織應講求均衡調和，人與自然、人與社會的關係亦復如此。儒家所謂「天人合一」，《南華經》齊物篇有云：「天地與我並生，萬物與我爲一。」無論大宇宙、小宇宙均強調統合均衡，這些都是整體論的體現。

質性研究主張整體論，認爲我們要探究的這個世界是一個有機體，不宜採化約論（reductionism）的作法——切割爲部分，或化約爲元素 /成分去理解。人類學是質性研究的學術源頭之一，美國人類學的奠基者德裔學者 Franz Boas（1858-1942）認爲「社會」、「文化」是具有意義的複合整體，而非事件或技術的集合體，研究者應與當地人共同生活，在長期的參與觀察（participant observation）中，理解該社會或文化如何在歷史脈絡（context）中逐漸成型（Lassiter, 2009）。而質性研究承襲人類學的傳統（Hammersley & Atkinson, 1994），在資料蒐集方面相當倚重自然情境裡的參與觀察，強調研究者全身心投入當地生活，以體驗方式領會（verstehen / understanding[6]）局內人觀點（insider's view），同理地理解（empathetically understanding）局內人的理與情。在詮釋資料方面，質性研究者強調將資料放在整體脈絡裡作歸納式分析（inductive analysis），最後得到紮根在現場資料裡的在地理論；而不是像量化研究那樣——在蒐集資料前依據某理論演繹式地提出研究假設（hypothesis），然後蒐集資料去驗證（verify）或否證（falsify）該假設。

量化研究係基於化約論（reductionism）。化約論認爲欲探究複雜的系統、事物、現象，可將其化約爲幾個成分來加以描述或認識。西醫主要

6　通常verstehen / understanding譯爲理解，有時也譯爲領會、懂得。本文於本段強調「以體驗方式」去懂得，筆者認爲中文裡的「領會」更爲貼切。

奠基於量化研究，抱持化約論觀點。基本上認為人體健康可以從身體的各種成分，以及其量化數值去判斷。基於此觀點，人們健康檢查的結果會以各種成分與數值來呈現，用以顯示哪裡可能／確定有異狀。例如：血壓、心跳、身體質量指數（body mass index, BMI）、血球數、膽固醇數值、肝功能指數、腎功能指數、癌症指數⋯⋯。至於治療的成效，無論外科手術、內科用藥、放射治療、化學治療的效果，除身體功能的表現是否達到正常之外，主要也從身體各種成分的數值去判斷健康與否／程度。

教育量化研究與西醫類似，認為要了解某現象／對象／變項，可分析其組成，據以設計量表／問卷去測量，各題相加的總分就可用來描述某現象／對象／變項。例如：要探究「學生次文化」（student subculture），可依文獻或理論做分析，找到幾種成分／面向，依此設計量表去施測，例如：將「學生次文化」分為學生「對學習的態度」、「對學校的態度」、「人際關係表現」、「同儕行為表現」等四面向，然後為每一面向設計一些問題去測量學生，所有題目得分的總和，就可以用來描述學生次文化。

譬喻二：面試 vs. 筆試

質性與量化研究的差異也可用面試和筆試來做譬喻。面試傾向於整體直觀式的理解方式，筆試則採分子切割式的計分方式。所謂整體直觀是指：「認知者未經思考過程或邏輯推理，便直接對認知對象產生了整體性的理解。」（項退結，1976，頁 221）通常面試時間不長，大約 10 到 30 分鐘，在短時間內就要對受面試者打分數，通常主考官會根據對話過程中獲得的整體認識與感受給一個總分／等第；可能評分表上會列有幾個面向，供主考官評分時考量，然而通常主考官會用心中的量尺（主考官長期在專業上累積而成的判斷標準），以及前後考生的表現做比較，先給該生一個總分，然後再填入分項分數──若主辦單位規定一定填入分項分數的話。如果未規定主考官要填細項，僅提醒主考官可留意這些面向去評分，則主考官只給總分，而不一定打細項分數。主考官給的總分，就是一個整體直觀判斷的結果。

若與量化研究相較，質性研究者的認知方式也更傾向此整體直觀式：研究者全身心投入自然情境的田野／現場，打開所有感官，去體驗在地人／局內人的生活，理解他們看事情的角度，逐漸梳理出在地人的意義之網[7]（web of meanings）。訪談時也幾乎均採開放結構提問（而不會依封閉式問卷／量表去提問，封閉式問卷即屬分子切割的化約主義），研究者由談話過程中整體掌握受訪者的理與情，追隨其思路與語脈去回應與提問。

至於質性資料的分析，也同樣需要運用整體直觀，質性資料分析的四種模式均是如此（見表4；詳見張芬芬，2010）；當然也須以邏輯思考去檢核證據與直觀認識間的相符程度，從而接受／修改／推翻直觀認識（暫時假設／初步發現）。怎樣檢核呢？Miles與Huberman（1994）提出確認研究結論的13種技術，[8]均可用來確認整體直觀所得的暫時理解——猶如科學研究裡暫時的研究假設。

至於筆試，通常筆試考卷會有好幾道題目，先由命題規劃者依據該考科涵蓋的整體範圍切割成數個次領域，然後分配給每個次領域一／數道題目，再由這些次領域幾名專家分別出題，並分別閱卷評分，最後加總成為該考生的該科得分，此得分即代表該考生的程度。例如：考科「課程與教學的理論及實務」，可能區隔成4個次領域：課程理論、課程實務、教學理論、教學實務，以這四部分得分的總和代表考生的專業知能。這就是切割成分子後，將分子加總來代表整體的「化約論」思維。而量化研究即遵行「化約論」的哲學，實例可參見本文前面提及的「學生次文化」量表設計。

---

[7] 意義之網是Clifford Geertz（1973）提出的概念，他認為：人類學的探究模式就是俗民誌／民族誌（ethnography），俗民誌就是「詳實描述」（thick description），而詳實描述的目的在解開糾結在一起的意義之網（web of meanings），此意義之網就是文化。換言之，每一文化裡的人們在生活中以言以行以思想編織起一張意義之網，研究者要探究此文化，就是要解開這張意義之網，梳理出其間的條理，幫助讀者理解網中的意義。

[8] Miles與Huberman（1994）提出驗證暫時研究發現的13種技術，包括：(1)三角檢測；(2)檢核外圍者的意義；(3)複製；(4)運用極端個案；(5)檢查代表性；(6)尋找反面證據；(7)檢查研究者效應；(8)進行「若－則」測試；(9)研究對象回饋；(10)排除虛假關係；(11)估量證據的品質；(12)測試相競爭的解釋；(13)參與者查核。

表 4　**質性資料分析的四種模式之比較**

	準統計式	模版式	編輯式	結晶式	
類目：預 定 的	←			→	逐漸浮現
程序：標 準 化	←			→	非標準化
判斷：邏輯推理	←			→	整體直觀

資料來源：張芬芬（2010，頁95）

譬喻三：品酒師 vs. 測酒儀器

　　質性與量化研究的差異也可用品酒師與測酒儀器之間的差異來作譬喻。品酒師傾向於整體直觀判斷，測酒儀器則是分子切割式的評定方式。品酒師的味覺敏銳，可能是先天稟賦加上後天體驗學習的結果。他們以眼、鼻、舌、喉、食道、胃腸等多重感官，去整體判斷酒的品質，給予整體一個評分／等級，正是整體論的實踐者。

　　而用工具與儀器去測試酒的品質，了解其中水、酒精、糖、甘油、酸、單寧酸、酒石酸、果膠、礦物質、兒茶素、白藜蘆醇等⋯⋯百分比／數值，則跟人體驗血一樣，將酒與血的各種成分，用量化數值呈現檢測結果，可能是類別量尺（nominal scale）的等第或加減符號，也可能是比率量尺（ratio scale）的數字，以等第或數值顯示各成分狀況，從而判別酒的品質好壞程度。

　　將質性與量化研究之差異，比喻成品酒師與測酒儀器之間的差異，其實源自1986年筆者在臺師大教育研究所博士班就讀時，修讀郭爲藩教授與林清江教授合授的「高等教育專題研究」，郭教授介紹「教育研究新取向：質性研究」時於課堂上所提出的比喻。郭教授是法國巴黎大學博士，生活在巴黎多年，對於法國食物與品酒師有更多接觸與體會，類似人類學者在異文化中作參與觀察，新奇感／敏銳度都比較高，故而提出此妙喻；而以法國品酒師來比喻質性取向研究，更讓學生有很鮮活的印象，很快就理解質性研究具有的整體論特徵，且讓筆者記憶至今未曾忘記，可見若採譬喻來教學，學習效果很可能真的更有效且持久。

譬喻四：顯微鏡 vs. 望遠鏡

質性與量化研究的差異也可用顯微鏡與望遠鏡之間的差異來作譬喻。顯微鏡這種儀器可將玻璃板上的樣本放大，將細節顯示出來，也可由研究者將樣本切片後作剖面觀察。望遠鏡同樣可放大，係將遠處物件拉近放大，然而相對於顯微鏡，望遠鏡看見的乃是物件表面的放大，無法將物件作切片觀察，了解其表面之下的實際情況。因此兩儀器相對而言，顯微鏡可作細緻的、深度的觀察；望遠鏡則作表面淺層的、較概略的觀察。

這猶如量化與質性研究，量化研究作表層的廣度研究，質性研究則可進行深度細緻的研究。例如量化取向的「學生次文化」調查，抽取 1,200 名學生施測，了解他們「對學習的態度」、「對學校的態度」、「人際關係表現」、「同儕行為表現」等四面向，這是一種表層的廣度研究，對人們了解「學生次文化」普遍的外顯行為與態度是有幫助的。而「學生次文化」研究，也可採質性研究取向，選擇一所學校，進行一年的參與觀察，搭配訪談與文件分析，對此校進行個案的深度探究；採取文化主位（emic）取向，呈現出文化局內人的觀點與感受。例如：黃鴻文（2003）的《國民中學學生文化的民族誌研究》即是如此，這可幫助人們對當年升學氣氛壟罩的一所國中裡，學生抱持的觀念體系（ideation system）有所認識，知道班際界線分明的國中裡，究竟每天發生何事（what's happening here），而這群國中生所謂的「天堂班、地獄班、人間班」意味著什麼，這些都大大增進了人們對國中生平日不為人知的面向之深度理解，乃至感情共鳴——而增進理解正是質性研究最重要的目的之一，這是採用質性研究才較可能達到的效果。

表5　四種對照譬喻：質性研究vs.量化研究

質性研究	vs.	量化研究
中醫	vs.	西醫
面試	vs.	筆試
品酒師	vs.	測酒儀器
顯微鏡	vs.	望遠鏡

肆 結語

本文之撰述，起因於筆者領會到：譬喻是一種思考與寫作上的好工具，且華人學生可能更熟悉譬喻式表達，可藉此獲得更佳的學習效果。筆者身為教學者，何不用譬喻來教學呢？遂決定藉譬喻來說明質性與量化研究的差異，希望幫助質性研究的初學者，藉譬喻更容易掌握此研究法的精髓與重點。[9] 本文前半先解說：何謂譬喻？文學裡的譬喻實例？教育研究論文裡的譬喻實例？文章後半則提出四組對照的譬喻來解說質性與量化研究取向的不同；所用的對照譬喻包括：中醫與西醫、面試與筆試、品酒師與測酒儀器、顯微鏡與望遠鏡（表5）。

期待讀者從本文認識到質性與量化研究法出自不同的世界觀，也會帶領研究者看見不同的世界。當然，我們也可進一步思考：自己的生活、學習、研究，是否也正透過一副／多副眼鏡在看世界？是哪樣的透鏡呢？在回答與思考這些問題時，我們不妨試著自創新譬喻。

參考文獻

中文部分

八股文（2018年月日）。維基百科，自由的百科全書。2018年8月7日取自 https://zh.wikipedia.org/wiki/八股文

余光中（無日期）。鄉愁。2018年4月11日取自http://dl360.csjh.tp.edu.tw/frederic/chinese/p/p001.htm

李士勛（2000年9月）。百年之後說尼采：德國紀念尼采逝世一百週年。當代月刊，第157期。2018年4月11日取自http://blog.sina.com.cn/s/

---

9 用譬喻教質性研究，除了說明質與量的差異外，也可用來說明質性研究的全貌與主要派別，這方面的探討可另外參考張芬芬（2015）。

blog_70adf1540100lv13.html

李怡嚴（2002年5月）。隱喻——心智的得力工具。當代月刊，177期，頁56-
64。

徐志摩（1928）。偶然。2018年4月11日取自http://mail.lhjh.kh.edu.tw/~lsm/
page11.htm

柴知道官方視頻（2017年10月9日）。哲學已死？霍金的這個觀點顛覆了6億人
的三觀《大設計》。2017年12月5日取自https://www.youtube.com/watch？
v=OOAue1TUboo&t=14s

張芬芬（1996）。換一副透鏡看世界，載於黃政傑主編：質的教育研究：方法
與實例，頁47-70。臺北市：漢文書局。

張芬芬譯（2005）。Miles, M. B. & Huberman, A. M. (1994)原著。質性研究資
料分析（*Qualitative data analysis: an expended sourcebook*, 2nd ed.）。臺
北市：雙葉書廊。

張芬芬（2010）。質性資料分析的五步驟：在抽象階梯上爬升。初等教育學
刊，第35期，頁87-120。

張芬芬（2015）。以譬喻認識質性研究。載於黃政傑編著：教育行政與教育發
展（黃昆輝教授祝壽論文集），頁448-470。臺北市：五南。

張愛玲（2010）。張愛玲典藏新版：紅玫瑰與白玫瑰（短篇小說集2：一九四四
年～一九四五年）。臺北市：皇冠。

清‧張潮（無日期）。幽夢影—維基文庫，自由的圖書館。2018年4月11日取自
http://mail.lhjh.kh.edu.tw/~lsm/page11.htm

郭禎麟、吳意琳、黃宛瑜、金家琦、呂環延、方怡潔、黃恩霖譯（2010）。
Lassiter, L. E. (2009)原著。歡迎光臨人類學（*Invitation to Anthropology*,
3rd ed.）。新北市：群學。

陳向明（2002）。社會科學質的研究。臺北：五南。

紫蓉譯（無日期）。莎劇《皆大歡喜》：世界是座舞台。2018年5月18日引自
http://blog.xuite.net/vistara/wretch/104153313-莎劇《皆大歡喜》：世界是
座舞台。

項退結編譯（1976）。西洋哲學辭典。臺北市：國立編譯館。

黃鴻文（2003）。國民中學學生文化之民族誌研究。臺北：學富。

對偶（2018年7月11日）。維基百科，自由的百科全書。2018年8月7日取自 https://zh.wikipedia.org/wiki/對偶

課程教材研究所中學語文課程教材研究開發中心（2003）。語文（九年級上冊）。北京市：人民教育出版社。

隱喻（2017年10月12日）。維基百科，自由的百科全書。2018年4月11日取自 https://zh.wikipedia.org/wiki/隱喻

譬喻（2018年5月13日）。維基百科，自由的百科全書。2018年8月7日取自 https://zh.wikipedia.org/wiki/譬喻

英文部分

Bogdan, R. C. & Biklen, S. K. (1998). *Qualitative research for education: An introduction to theory and methods* (3rd ed.). Boston: Allyn & Bacon.

Geertz, C. (1973). Deep play: Notes on the Balinese Cockfight. In C. Geertz (Ed.), *The Interpretation of Cultures*. New York: Basic Books.

Hammersley, M. & Atkinson, P. (1994). Ethnography and participant observation. In K. D. Denzin & Y. S. Lincoln (Eds.), *Handbook of qualitative research*. (1st ed.) (pp. 248-261) . London: Sage.

Kluckhohn, C. (1949). *Mirror for man: The relation of anthropology to modern life*. New York: McGraw-Hill.

Metaphor (2017, July 26). In *Wikipedia, the free encyclopedia*. Retrieved April 11, 2018, from https://en.wiktionary.org/wiki/metaphor

Richardson, L. (2000). Writing: A method of inquiry. In K. D. Denzin & Y. S. Lincoln (Eds.), *Handbook of qualitative research* (2nd ed.) (pp.923-948). London: Sage.

從「邊陲國家」看比較／國際教育，世界是否會不同？

沈姍姍

國立清華大學教育與學習科技學系教授

壹 前言

　　在臺灣，我們要站在什麼立場、用怎樣的角度看世界？如果我們的國際新聞大多來自 CNN、BBC 或 NHK，經常從這些所謂「世界主要國家」媒體的觀點看世界，耳濡目染下，我們是否會自我催眠也是屬於此類國家？或習慣以這些「發達國家」自居，忘了臺灣在國際關係上的「邊陲地位」？

　　我們通常會關心「世界主要國家」[1]的問題？如川普（Donald Trump）為何執意要蓋美國與墨西哥邊境之圍牆？脫歐後英國與歐盟的各自算計為何？然而我們大多數人並不知道盧安達（Rwanda）在 1994 年種族屠殺後經濟快速成長狀況，[2]也很陌生非洲大陸上中國勢力之壯大！專攻教育的我們大多知道源自美國的可汗學院（Khan Academy）[3]或日本佐藤學[4]學習共同體的理念與實踐，卻不太曉得印度「牆中洞」引導兒童自我學習之實驗！雖然臺灣在國際形勢的影響力位處邊陲、地理面積上也僅是個小島，然而觀天下則能否力求擴大格局、擺脫井底蛙之侷限呢？

　　近年來臺灣電視新聞出現最大宗的是行車紀錄器、監視器或手機錄下的車禍吵架或警民互拍等影像；其次是置入性行銷的美食、精品的廣告性新聞。較有深度的國際新聞如《李四端的雲端世界》、《文茜的世界週報》等，每週播出時間有限，且國際新聞來源除前述美、英及日本等主要

---

[1] 我們的政府機構報告書或學者出版書籍，經常喜歡使用「世界主要國家」作為研究範圍或分類方式，如行政院主計處有《世界主要國家政府債務管理政策之研究》、經濟部智慧財產局網頁有《世界主要國家著作權法規》。雖說主要國家內涵不一，但都頗習慣以之稱謂經濟上較開發的英、美、法、德、日或近年來在教育上頗令人驚豔的芬蘭、新加坡等國。

[2] 大屠殺後20年，盧安達早就走出困境，成為非洲發展最快的經濟體之一，甚至被《經濟學人》稱為非洲的新加坡。其女性國會議員比例為世界最高，2015年在80個眾院席次中，女性就占了51席。此外盧安達實行了一項連已開發國家也難以望其項背的環保政策：禁止塑膠袋，從源頭就禁止生產。

[3] 可汗學院的創立者Salman Khan雖是孟加拉裔，卻是出生美國，其能發展可汗學院與其身處美國社會擁有的資源及國際視聽頗有關係。

[4] 佐藤學是日本教育學博士，他針對日本孩童失去學習動機、出現「從學習中逃走」的現象，提出了「學習共同體」的改革方案。

電視臺外，我們很少看到轉譯自德國、法國或俄羅斯的新聞，更別說來自中東或非洲等所謂「第三世界」國家的消息了！面對此種現象我們當然可以找到許多理由解釋：如遙遠的陌生國度引不起觀眾興趣、非英語系國家因語言障礙自然報導較少、國際上與臺灣無利害關係的國家沒什麼報導價值，或辯稱臺灣民眾若只關心在地的「小確幸」不也是一種幸福？

如果接受上述理由，則又該如何回應以下的問題？為什麼我們不斷地擔憂全球競爭對臺灣的影響？為什麼一直喊臺灣要走出去、要朝向東南亞發展？為何教育部急於響應「新南向政策」而將東南亞國家語言列為國民小學必選課程？可見追求「小確幸」、只關心在地消息或侷限英、美、日本等「主要國家」的資訊或知識已不足以讓臺灣在此瞬息萬變且加速發展的時代裡生存及發展！

就以新南向政策來看，若非「過度依賴中國」的政治及經濟焦慮，我們何曾認真地去在意這些東南亞鄰國？因為這些鄰國從來不是我們所嚮往的「富強」且「比我們發達」的國家！在政治體制上我們熟知英國的內閣制、美國的總統制、法國的雙首長制，但是我們社會對新住民女性主要來自的印尼與越南等國家政體則大多一問三不知！我們知道日本有天皇，也知道現任明仁天皇年歲已高要求生前退休等事，但我們熟悉同樣是君主立憲制度的泰國國王掌有軍權、內閣總理有時也須聽其命令，不同於英國女王不具實權的狀態嗎？

我們（一般大眾或具有影響一般大眾的教育從業者）若換個位置與角度，改從「邊陲國家」、「第三世界國家」或「開發中國家」的視角出發，世界的樣貌是否會不同？是否能對真正的國際理解與文化包容有更深層的意識及思考？[5]

---

5 當然國際觀點從來就不能執著某一單面向，只從「發達國家」或「開發中國家」立場觀看，都易陷入自設的框架，自甘沉浸在意識型態的舒適圈內，此處只是針對臺灣過於習慣英、美、日等國立場觀點而提出反向參照之「矯正」，然若只偏向「開發中國家」的世界，也會是另一種自我侷限。

何謂「邊陲國家」？此用語原本是從經濟發展角度而定義的名詞，較常出現在依賴理論、世界體系理論用以對應「核心國家」而言。然而在一般使用時，常與低度開發國家、第三世界國家或新興國家交互使用，未必嚴格地以前述理論來界定。在現今全球化的發展下，「核心國家」大多意指那些擁有世界主要權力以及財富的國家，而「邊陲國家」則是處境相反者。

　　1960 年代源於拉丁美洲的依賴理論可謂是「邊陲國家」的覺醒訴求。由於 1920-1930 年代世界經濟大蕭條，美國自顧不暇，連帶影響以美國為出口大宗的拉丁美洲國家經濟，拉美國家開始憂心過度依賴歐美等工業發達國家造成己國發展之遲滯。1948 年設立於智利聖地牙哥的「聯合國拉丁美洲國家經濟委員會」（UN Economic Commission on Latin America, ECLA）乃以此定調，阿根廷的普雷維什（Raúl Prebisch）及其他 ECLA 學者發現窮國財富的減少與富國財富的增加一致，於是提出位於國際商貿中心的富有國家剝削邊陲地位窮國的依賴理論學說。據此，許多邊陲國家乃採取關稅保護、發展進口替代工業與擴充需求等措施企圖擺脫依賴處境。1990 年代共產主義崩潰以來，以馬克思主義為理論基礎的依賴理論雖然褪色，但其理論核心概念及用詞仍為許多學者用以分析現今拉丁美洲、非洲或開發中國家發展之困境（Kufakurinani et al., ed., 2017），「邊陲國家」或「邊陲地區」的概念與用語已然超出該理論框限。

　　邊陲、核心國家二分之外，華勒斯坦（Immanuel Wallerstein, 1930-）的現代世界系統理論，則在二者之間另外加上一個半邊陲國家。核心國家負責工業生產、邊陲國家則供應原料，介於二者之間的則為半邊陲國家，三者根據一套經濟律則運作，財富從邊陲國家或地區轉移到核心國家（尤來寅等譯，1998）。

　　世界國家也曾被分類為第一、第二及第三世界國家，雖然華勒斯坦認為資本主義發展的世界體系只有一個，反對使用「第三世界」一詞（尤來寅等譯，1998），但「第三世界」仍為世人普遍採用，且往往將第三世界

國家等同於開發中國家（較負面用語則稱不發達國家）或邊陲國家。

第三世界一詞緣起於冷戰時期，指那些未加入北大西洋公約組織（North Atlantic Treaty Organization, NATO）或共產集團的國家。通常是那些在非洲、南美、大洋洲及亞洲曾被殖民的國家。第一世界指的是美國、西歐；第二世界則是蘇聯、中國與古巴。然而以上分類未獲一致認定，如中國、古巴等也常被歸類為第三世界國家。冷戰結束後，第三世界通常指的是較不發達國家、南方國家（指南半球國家，相較於北半球國家而言一般來說經濟較落後）或開發中國家。此分類也是較過時的辭彙，特別在全球化之後，第一或第三世界之區隔或界限已然模糊。本文所指稱的「邊陲國家」係以我們一般人「認知」的全球競爭下經濟或科技發展「落後」或「不如」臺灣者，通常會與第三世界或開發中國家重疊。

參 非洲與拉丁美洲二位學者對自身處境之認知

習慣以歐美視角看待非洲及拉美國家的發展，往往缺乏對這些地區「同情之理解」，特別是在被殖民的處境。以下兩位在地學者的觀點，或許能讓我們有不同之認知或感受。

一、阿契貝

我們對於開發中國家或第三世界國家的認知頗為有限或刻板，總與貧窮、種族、宗教衝突有關，而這些印象或實際或許可從歷史發展中尋得一些根源，如非洲國家的種族或宗教衝突來源可追溯到歐洲殖民時期非洲國界的劃分。

攤開非洲地圖，最為醒目的是許多國家的疆界幾近垂直或水平的線條，反映了殖民國家侵略的歷史軌跡。這些所謂的「國界」是 15 世紀西歐國家入侵非洲後依據占領區強行劃分。儘管非洲種族複雜，但仍具有傳統界線及居住聚落，帝國主義殖民者採取強行瓜分方式，以侵略勢力擴張的範圍或依據地圖經緯度的直線為界。當時用來劃分非洲的地圖並不精確，甚至有大塊區域是未知地區。整個非洲大陸被分割成 50 多塊殖民

地，界線總長 46,400 公里，其中 44% 依照經緯度劃分、30% 按直線劃分、26% 是由河流、湖泊和山脈等構成的自然國界。這種僵硬的劃分方式常常將同一民族分隔，如剛果族被法屬剛果、比（比利時）屬剛果及葡（葡萄牙）屬安哥拉瓜分，索馬利蘭族則被英、法、義三國瓜分，由此引發現今非洲許多國家的民族糾紛和國界衝突（黃中憲譯，2017）。

譽為非洲現代文學之父的阿契貝（Chinua Achebe, 1930-2013）生於奈及利亞（Nigeria）東南部伊博村落奧吉迪（Ogidi）的一個信仰基督教家庭，他的學業十分出色。大學期間就對世界宗教及非洲土著文化興趣濃厚，並且開始創作短篇小說。1958 年發表的小說《分崩離析》（*Things Falling Apart*）引起了世人的矚目；之後又發表了長篇小說《動盪》（*No Longer at Ease*, 1960）、《神箭》（*Arrow of God*, 1964）等作品。

阿契貝主張用英語寫小說，並且公開支持非洲人的作品使用殖民者的語言，他解釋所以用英語寫小說並在英國出版的原因有二：一是必須以英語——白人懂得的文字，寫出黑種人的形象，以糾正白種人的刻板印象；二是藉此揭示英國殖民奈及利亞的問題（黃女玲譯，2014）。阿契貝雖然成長於奈及利亞，就讀的學校卻完全模仿英國學校，2009 年出版的散文集《英國保護下的小孩教育》（*The Education of a British-Protected Child*）中，阿契貝提及年輕時閱讀英國經典小說出現認知上不和諧的感受：

> 讀這些書的時候，我不覺得自己是非洲人。……在 Umuahia 中學圖書館內，我們男孩讀的書跟在英格蘭的男孩是一樣的……這些不是關於我們的故事，也不是像我們的人，如在約翰巴肯（John Buchan）[6] 撰寫的故事中，英勇的白人戰鬥及擊潰討厭的（非洲）土著時，我們並不以為忤。（Achebe, 2010, 21）

6　蘇格蘭小說家及政治家，曾任加拿大總督。他以創作驚險故事而著稱，《三十九級臺階》是其代表作。巴肯許多作品均以其曾經待過的非洲為背景。

二、加萊亞諾

再翻開拉丁美洲被殖民時期的地圖，相較於非洲被多國統治的色彩繽紛，拉美被殖民地圖的顏色就乾淨的多，除了葡萄牙占領的巴西顏色不同外，其餘拉美大部分地區都是西班牙統治的顏色。

2009 年第五屆美洲國家高峰會議時，委內瑞拉總統查維茲（西班牙語：Hugo Rafael Chávez Frías）將烏拉圭作家加萊亞諾（Eduardo Galeano, 1940-2015）1973 年的作品《拉丁美洲：被切開的血管》（西班牙語：*Las Venas Abiertas de América Latina*）的西班牙文版本送給當時的美國總統歐巴馬（Barack Obama），而令此書聲名大噪。此書敘述哥倫布發現美洲大陸後開始的拉丁美洲歷史，指出拉丁美洲由於擁有著豐富農產、礦產和勞動力資源，因而先後吸引歐洲及美國殖民主義者掠奪，把拉丁美洲的民族工業在萌芽階段即予扼殺，阻礙了國內消費市場的發展，以致此地區必須長期依賴出口原物料維生，在強迫自由貿易下無法經濟自主，結果遭受富國重重剝削。此說法與前述當時盛行於拉丁美洲的依賴理論相呼應。加萊亞諾說：

> 我們甚至失去了被稱作美洲人的權利……。今天對世界來說，美洲就是美國，我們充其量只是居住在一個身分模糊的美洲次大陸，一個二等美洲的居民。（王玫等譯，2013，頁24）
>
> 對那些將歷史看做一部競爭史的人來講，拉丁美洲的貧窮和落後就是其在競爭中失敗的結果。但實際上，只是因為我們失敗了，他們才獲勝。正如人們所說，拉丁美洲不發達的歷史構成了世界資本主義發展的歷史。我們的失敗總是意味著他人的勝利；我們的財富哺育著帝國和當地首領的繁榮，卻總是給我們帶來貧困。（王玫等譯，2013，頁24）

或許以拉丁美洲本位立場的歷史敘說，或依賴理論將拉美的遲緩發展推責於富國之掠奪或外部之影響未必客觀公允，然而在長期偏向以「發達」國家角度的視野下，聽聽身處邊陲國家者的「發聲」，一定能讓我們

訝異世界的不同！

「邊陲國家」之教育創新實例

我們通常認為新穎的教育方案是來自「先進國家」菁英分子的創見，事實上教育創新或改革通常是來自需求，開發中國家也會因在地的迫切需求而出現令人耳目一新的方案。在資訊科技發達的時代，以所謂發達國家的角度去檢視開發中國家的教育改善，除了籲求這些國家努力去追趕發達國家的教育普及、性別平等、醫療及衛生保健等層面外，大都強調對開發中國家科技硬體相關之協助，如提供電腦、平板、智慧型手機或網際網路教學等。此刻板印象往往讓我們忽略了他們在科技應用之外的教育創新！茲看看以下的教育創新實例。

一、印度的「牆中洞」：只要有適當條件再加上電腦的輔助，孩子就可以獨立學習

印度的米特拉（Sugata Mitra）從 1999 年開始著手進行一項「牆中洞」（Hole in the Wall, HIW）的教育實驗，他在印度新德里 Kalkaji 的貧民窟地區，在一面高約 90 公分的牆上鑿了個洞，把電腦嵌進洞內。幾個小時後，當地孩童開始聚集在牆邊，好奇地問米特拉關於電腦的問題，米特拉表示自己毫無所悉後便離去。不久，孩童們就知道該如何上網，並透過與同儕交流，提升使用網路的效率。由於擔心新德里是城市，孩童較熟悉電腦的變數，米特拉又在距離 300 英里外一處更加與世隔絕的聚落重複同樣的實驗。幾個月後當他再次回到該處時，孩童們已經在路旁打起電動遊戲並且對米特拉說：「我們想要更快的處理器，還要一個更好用的滑鼠！」更令米特拉驚訝的是由於電腦只有英文介面，這些孩童表示只好自學英文去操作電腦（Mitra, 2007）。

這個實驗證明在沒有任何正規訓練情況下，孩童們可以透過電腦輕鬆地學習。米特拉稱這種學習為「鑿壁上網」（minimally invasive education,

MIE）教育計畫，強調教學的最少干預或介入。這個實驗在許多偏遠地區進行，印度郊區有多達 40 多個「牆中洞」項目。2004 年米特拉也在柬埔寨進行這個實驗。「牆中洞」方案的意義及啓示在於遠程展示、提升孩童之自學組織、認知體系，以及自然科學意識。牆中洞方案後來引起世界銀行的重視，並提供了 180 萬美元資助，許多貧困地區的孩童經由這個方案接觸到電腦，並且知道什麼是網際網路（Mitra, 2007）。米特拉指出：

> 我們得出這麼一個結論，就是 6 至 13 歲的孩子也可以自己組織起來學會一切新事物。只要有一臺能上網的電腦，他們就能學會這一切，這與任何別的因素都毫無關聯。但前提是這些孩子是以小組的形式來學習。我們從實驗中可以看出，在沒有大人的干預之下，孩子們自發組織的學習小組是多麼有力量（Mitra, 2007）。

米特拉以此研究結果爲基礎，提出「自我組織的學習環境」（Self Organized Learning Environment, SOLE）。爲進一步實踐此學習理念，他創立了雲端學校（School in the Cloud），並設計相關的學習教育方法。雲端學校沒有教師、課程，有的只是難題，全球學生可透過網際網路及群組間的自我組織學習模式，在雲端學校裡學習問題解決（Mitra, 2007）。

米特拉「牆中洞」的方案實驗多年後，雖廣爲人知，但大多數政府僅維持了短暫的興趣；雖然有些教師嘗試他的方法並獲得奇蹟般的結果，但專業學會和大學教育系的反應卻不熱烈。2016 年英國《衛報》（*the Guardian*）訪問米特拉，提及以一臺電腦當作鄉村孩子自由吸取知識的泉源想法雖好，但教育界對此方案成效仍充滿懷疑（Wilby, 2016），然而米特拉仍堅持改革之決心，經常前往世界許多國家推廣。就印度國土面積廣大而偏鄉貧窮問題較嚴重的狀況而言，米特拉此種方案試圖克服經濟困境，以有限資源提升偏鄉或弱勢學生對科技與自然科學的興趣，然而其強調科技或電腦只是作爲媒介（而非受制於教學科技之軟硬體），更重要的是探索自學組織系統的發展，一套教學法的成形。此種擺脫役於物（科技），而成爲操控科技軟硬體的主體身分，也是我們積極在資訊科技融入

教育方面努力追求之目標。

二、委內瑞拉國立青少年管弦樂團系統

委內瑞拉國立青少年管弦樂團系統（El Sistema Nacional de las
Orquestas Juveniles e Infantiles de Venezuela，簡稱為「El Sistema」）是委
國推廣音樂教育的公營計畫，原名為「音樂社會運動」（Social Action for
Music）。整個系統下轄全國各地 125 個青少年樂團和附屬的樂器培訓計
畫，同時管理委國 30 個交響樂團，但其最大的成就是讓全國各地 25 萬
學童免費接受音樂教育，其中近九成的學童來自底層階級家庭（Abreu,
2009）。

委內瑞拉經濟學者兼音樂家艾伯魯（J. A. Abreu）於 1975 年開始推動
此計畫，他說服國家成立「油元」，[7] 由政府提供一部分的石油獲利，以這
項基金聘請全國 15,000 名音樂教師投入此計畫，並在各地成立青少年管
弦樂團。艾伯魯希望來自底層家庭的兒童可以接受音樂教育，避免成為社
會的負擔，目前此系統計畫內已有 100 多個青年樂團與超過 50 個青少年
樂團，成員中不乏原本中輟的學生，因為參加交響樂團，他們開始學習與
輕狂的自己共處。國際知名的指揮家杜達美（Gustavo Dudamel）也是出
身於此計畫（Abreu, 2009）。

艾伯魯認為 El Sistema 是一項社會救助計畫與深層文化改造運動，
是為委國全體社會所設計的，不區分社會階級與家庭背景，但是更重視
弱勢受難的社會族群。艾伯魯認為 El Sistema 在三個層面能夠發揮影響力
（Abreu, 2009）：

> El Sistema發揮的影響力主要在三個基礎層面：在個人 /
> 社交層面、在家庭層面及在社區層面。就個人 / 社交層面而
> 言，孩子們在管弦樂團及合唱團裡能發展他們智識與情感面
> 向。音樂成為一項資源，發展人的存在感，因而提升其精神層

---

[7] 委內瑞拉是世界重要石油生產與出口國之一，也是石油輸出國組織的四個創始國之
一。

次，並促進其健全的人格發展。所以，在情感與智識方面助益良多——包括領導能力的習得、行為準則的教導訓練、勇於承諾、負責、寬容以及奉獻他人，並且致力於以個人力量貢獻，去達到偉大的集體共同目標。這一切從而增進了孩童的自尊與信心的發展。（Abreu, 2009）

十多年前英國《泰晤士報》即以「音樂拯救了委内瑞拉的街頭遊童——在蘇格蘭也能發揮作用嗎？」的新聞報導展現了所謂「已開發國家」向「開發中國家」學習的胸懷。該報導中指出 El Sistema 藉由巴哈、貝多芬及馬勒的交響樂媒介，實質處理貧窮兒童的「精神面向貧乏」狀況，有別於傳統上只從經濟層面處理此類問題之角度（Hoyle, 2007）。

三、世界教育創新峰會

世界教育創新峰會（World Innovation Summit for Education，簡稱 WISE）於 2009 年由卡達基金會（Qatar Foundation）主席謝赫·莫扎·賓特·納賽爾殿下（Sheikha Mozah bint Nasser Al Missned）發起，是一項促進教育創新的跨領域全球性倡議。經由每兩年一度的高峰會和一系列全年的研究項目，WISE 正在促進全球合作並構築教育的未來。

WISE 高峰會是一個國際的跨領域開放平臺，提倡並鼓勵創新思維和國際間交流，推廣優秀教育模式的廣泛應用，利用創新實現未來教育的全面發展。2011 年開始設立 WISE 個人／團隊教育獎，旨在填補教育界國際獎項的空缺，使教育從業者能夠像諾貝爾文學、和平與經濟等領域的優秀人士一樣得到全球的矚目和認可。獲獎者可獲得 50 萬美元獎金和一塊特製的金牌（The Wise Initiative, 2017）。

WISE 團隊教育項目獎每年評選出 6 個教育創新計畫，自 2009 年設立以來，WISE 團隊教育項目獎收到 150 多個國家、超過 3,000 份的申請書，並產生了 54 個獲獎項目。這些項目從世界各地評選產生，因具創新性及影響力而受到廣泛關注。2017 年獲獎的 6 個項目分別是：42 編程學校項目、學習之光項目、PhET 互動模擬科學項目、學習者嚮導項目、Ubongo

快樂學校項目、Speed 學校項目（The Wise Initiative, 2017）。以下茲舉坦桑尼亞 Ubongo 快樂學習教育方案說明之。

坦桑尼亞的 Ubongo 快樂學習方案總部位於首都達累斯薩拉姆（斯瓦希里語：Dar es Salaam）。此方案係利用大眾媒體的接觸、故事的吸引、動畫和音樂，以及行動科技的互動性，為非洲各地數百萬兒童帶來了低成本的學習樂趣。Ubongo 多平臺的寓教於樂，每週在電視、廣播、手機和網絡上播放給 3 至 14 歲的兒童觀賞，增強他們對 STEM（科學、技術、工程與數學）科目基礎的掌握，並培養學習興趣。該方案已經開發多個語種的教育節目，在 27 個非洲國家免費播放，每週有超過 500 萬個非洲家庭會參與這個項目（The Wise Initiative, 2017）。

WISE 執行長伊恩努卡（S. N. Yiannouka）表示從偏鄉的坦尚尼亞和南美洲地區到矽谷及巴黎，2017 年的 6 個獲獎項目來自完全不同的地域。無論這些教育者具有什麼樣的社會和地域背景，只要他們擁有創新性思維和解決問題的決心，就有可能大幅度地改善教育現狀（Six Winners of the 2017 Wise Awards Announced, 2017）。

WISE 的獨特處，在於以中東卡達為中心向全世界鼓勵教育創新，其教育方案多半結合科技能量，讓開發中國家，特別是非洲或南方國家（世人刻板印象中的弱勢國家），直接以新科技為基底去發展創意教育方案，跳脫出以往邊陲國家先向發達或核心國家學習或追趕的迷思，展現出更豐富的世界教育樣貌。

伍 結語：不同的觀世角度

英國藝術評論家及作家伯格（John Berger, 1926-2017）1972 年的著作《觀看的方式》（*Ways of Seeing*）顛覆了傳統意義上對視覺藝術的思考，改變了一代人觀看藝術的方式。雖然該書係以藝術品作為觀看對象而思考，卻也廣為人文社會學科引用。伯格在書中指出：

> 觀看（seeing）確立了我們在周圍世界的位置。我們用言

語（words）解釋這個世界，然而言語永遠無法改變我們被世界圍繞這個事實。所見的事物與所知的事物之間總是存在不確定的關係。我們每晚觀看日落，我們知道地球正背向太陽，然而我們對日落的認知及解釋從未與我們所見相符（Berger, 1972, p.7）

據此，或許我們可以思考，究竟我們正在以何種角度「觀看」世界？又如何以「言語」解釋世界現象？特別是離開同溫層相互取暖的「安全舒適圈」後，換一種觀世的角度，想必是另一番的風景與訝異！

一、將世界國家「等級」或「類別」區分易形成國家或種族優劣的意識型態

當我們以發達、開發中或第一、第三世界區分各國的「等級」，或以工業化、農業或高科技國家區分國家「類別」時，是否容易讓我們從字面的意涵錯覺而形成國家或種族優劣之意識型態？良善面或許會出現對「弱國」同情及援助之心；不善面則可能對發展緩慢國家出現鄙視或冷漠之情。斯塔夫里茲諾斯（L. S. Stavrianos）在《全球分裂——第三世界的歷史進程》書中指出，已開發國家或第一世界國家往往以同情的角度看問題，認為在第三世界的人大多數是地球上的不幸者，所以發達世界國家理應了解第三世界窮困之因，然後伸出救援之手（王紅生等譯，2017）。然而，身為非洲人的烏干達記者與報社編輯曼威達（Mwenda, 2007）卻認為對邊陲或發展較遲緩的國家不宜持同情或救援態度，只是給予糧食、醫藥及派遣維和部隊，對非洲而言都是沒有生產力的。

> 為什麼援助不是個好方法呢？因為世界上所有的政府都需要錢才能存活下去。但是錢往往會被拿來做一些簡單的事，如維持法律和秩序。所以你必須付錢給軍隊和警察，請他們維持法律和秩序，然而因為我們大多數的政府都很獨裁，他們需要軍隊去鎮壓反對者，再者政治活動也需要錢，為什麼人民應

該要支持他們的政府？因為政府給他們薪水不錯的工作，或者在很多非洲國家私底下可以從貪汙中得到利益。（Mwenda, 2007）

曼威達認為非洲之所以無法和其他國家建立合作互利的關係，是因為制度和政策上的結構太過鬆散，任何形式的介入都需要是具有支持的力量，如發展創造財富的機構，以及可以增進生產力的機構等，才是真正對非洲國家有所助益（Mwenda, 2007）。

當我們想到所謂「邊陲」、「第三世界」或「開發中」國家，馬上出現的是飢餓、傳染病、戰亂等負面意象！這種將這麼多差異的國家歸在同一類別或等級內，甚至常將非洲與拉丁美洲眾多國家當作一個整體來想像，只要從邏輯上來思考，就知道可能產生多大的誤解或偏差！就如同西方人將我們與日本、韓國等歸為東亞國家來整體界定或描繪時，勢必與吾人親身的感受與認知有所差距。固然社會科學將國家進行分類或分等級有其研究或認知之方便性，然若常以此標記思考客體，則易形成國家僵硬定位的刻板印象與優越／自卑之意識。

二、我族中心與種族歧視往往是不自覺的自我設限的框架

「我族中心主義」（ethnocentrism）一詞是孫末楠（William G. Sumner）在 1906 年提出，是人們用以區別「我群」（in-group）與他者，其信念是認為自身族群是萬物的中心，並以此評價他者（周業謙、周光淦譯，1998）。具有此意識型態者多半驕傲、自負，認為自身族群是優越的且輕視其他族群。如早期中國漢語中少數民族的名稱，一般都採取了汙辱性的「犭」旁，如猺、玀玀等，即是大漢族主義在語言上的反映（陳原，2001）。因此在觀看與我們在種族、語言、文化及社會發展程度差異的所謂「邊陲」或「第三世界」國家，我們不自覺的會出現較強烈的我族中心與種族歧視的意識型態框架！[8]

8　然而在面對我們認為「不如」的國家，我們卻常出現自卑的意識型態，常以歐洲的「人權」、美國的「民主」作為「驅迫」某些政策的依據；我們從未曾是依賴理論

由於此框架之形成係建基於長期的偏向發達國家意識與媒體視角等綜合因素，若非以相同力道扭轉，則難以改善。此現象也可以從英國廣播公司 BBC 二臺 2015 年 8 月播出的《中國學校，我們的孩子受得了嗎？》（*Are Our Kids Tough Enough? Chinese School*）紀錄片中發現端倪。該紀錄片敘述 5 名中國教師在英國南漢普郡（South Hampshire）的一所中學進行 4 週中國式教學的實驗。雖說此實驗之動機乃英國社會有感於中國學生在國際教育成就測驗成績斐然，而興起向中國學習之念頭，難得具有「向開發中國家學習」之謙卑動機；然而在實驗過程中，英國學生及該校校長不以為然及不屑的神情，絕佳地將 5 位中國教師當成丑角演員。如該校校長所言：「我們也許需要（像中國教育制度）較長的上學時間，但是我們真的需要學生一天讀書 15 到 16 小時嗎？對我而言這不是童年，而像是監獄。」（Espinoza, 2015）姑且不論 BBC 忽略兩國教育制度、文化以及社會壓力等差距而強行進行實驗或比較的荒謬，刻意選擇中國學生的馴服、師生間嚴肅互動及校園儀式僵硬滑稽等畫面為視角，均顯示英國此節目相關的製作人員及教育人員的國族優越意識。儘管英國現今在經濟及世界影響力大不如中國，但仍然無法減少其自我中心之優越意識。

三、認識「邊陲」、「第三世界」或「開發中」國家的教育創新讓世界更為寬闊

在比較／國際教育的教學中，我常引用「三人行必有我師焉」（論語·述而）中子曰「三人行，必有我師焉，擇其善者而從之，其不善者而改之。」來講述認識世界或各國教育可採取的視角。若引朱熹注：「三人同行，其一我也，彼二人者，一善一惡，則我從其善而改其惡焉。是二人者，皆我師也。」據此分析在各國教育中我們仿效好的教育措施並以不良者為戒，則不必然必須區別發達、開發中或核心、邊陲國家，只須以制度

含括的地域，也未能完全適用後殖民主義在文化及意識上無法脫離某些國家影響的處境，然而卻出現如此「卑微」的社會或政治現象，當然國際處境及經濟因素有其影響，但更深層的文化或社會心理或許值得深入研究。

或措施之良窳爲學習或警戒之標的即可，而不論國家發展位階。若引劉氏《論語正義》的二解，一謂：「三人行，本無賢愚。其有善有不善者，皆隨事所見，擇而從之改之。非謂一人善，一人不善也。既從其善，即是我師。」在比較／國際教育上則可譬喻爲「學無常師」，面對世界各國各種教育理念、創新變革或制度替換，均可「隨事」之狀況學習參照，特別是參照來自我們長期「輕忽」的國家或地區，在跳脫慣習的視野下，這些「邊陲國家」或「開發中國家」的教育創新或觀點，將會讓我們的視野更爲開闊、世界也呈現不同樣貌。

參考文獻

中文部分

尤來寅等譯（1998）。Immanuel Wallerstein原著。現代世界體系。北京：高等教育出版社。

王玫等譯（2013）。Eduardo Galeano原著。拉丁美洲：被切開的血管。臺北：南方家園。

王紅生等譯（2017）。Stavrianos, L.S.原著。全球分裂——第三世界的歷史進程。北京：北京大學出版社。

周業謙、周光淦譯（1998）。社會學辭典。臺北：貓頭鷹出版社。

黃中憲譯（2017）。Martin Meredith原著。非洲：六十年獨立史。新北：衛城出版。

黃女玲譯（2014）。Chinua Achebe原著。分崩離析。臺北：遠流。

陳原（2001）。語言與社會生活——社會語言學。臺北：臺灣商務印書館。

英文部分

Abreu, J. A. (2009). *Jose Antonio Abreu: The El Sistema music revolution.* [Video file]. Retrieved from https://www.ted.com/talks/jose_abreu_on_kids_transformed_by_music?language=zh-tw

Achebe, Chinua (2010). *The education of British-protected child*. New York: Anchor Books.

Berger, J. (1972). *Ways of seeing*. London: Penguin.

Espinoza, J. (2015, August 19). Pupils taught by Chinese outpace their peers in experiment. *The Daily Telegraph*. Retrieved from http://www.telegraph.co.uk/education/expateducation/11811235/Take-note-Chinese-teachers-a-little-classroom-chaos-can-be-a-good-thing.html

Hoyle, B. (2007, August 13). Music saved the street children of Venezuela – could it work for Scotland too? *The Times*. Retrieved from https://streetchildrennews.wordpress.com/2007/08/13/p956/

Kufakurinani, U., Ingrid Harvold Kvangraven, Frutuoso Santanta, Maria Dyveke Styve (ed.)(2017). *Dialogues on development: On dependency theory*. Young Scholars Initiatives, Institute for New Economic Thinking.

Mitra, S. (2007). *Sugata Mitra: Kids can teach themselves*. [Video file]. Retrieved from https://www.ted.com/talks/sugata_mitra_shows_how_kids_teach_themselves)

Mwenda, A. (2007). *Andrew Mwenda: Aid for Africa? No thanks*. [Video file]. Retrieved from https://www.ted.com/talks/andrew_mwenda_takes_a_new_look_at_africa/transcript?language=zh-tw#t-9138

Six Winners of the 2017 Wise Awards Announced (2017, Sep 26). News provided by WISE - World Innovation Summit for Education, CISION, PR Newswire. Retrieved from https://www.prnewswire.com/news-releases/six-winners-of-the-2017-wise-awards-announced-647883793.html

The Wise Initiative (2017). The wise awards. Retrieved from http://www.wise-qatar.org/ubongo-africa

Wilby, P. (2016, June 7). Sugata Mitra–the professor with his head in the cloud. *The Guardian*. Retrieved from https://www.theguardian.com/education/2016/jun/07/sugata-mitra-professor-school-in-cloud

有「願」就有「力」嗎？——正向心理學觀點

4

唐淑華 國立臺灣師範大學課程與教學研究所教授

壹、前言

　　或許因為有一陣子都在作希望感研究，養成了我的職業病。只要聽到有人在說一些與「願望」有關的話時就會特別注意，想看看他們是否把說的話當真。結果發現，儘管人們常會信誓旦旦的說出「我『希望』可以考第一名」、「我『希望』可以再瘦三公斤」、「我『希望』可以找到好工作」，然而這些頗「熱血」的話，卻不一定會讓他們更認真的用功讀書、努力健身或積極栽培自己。大多數時候往往就是原地踏步、停留在不斷的「立新誓言」與「懊悔」的惡性循環中；或者乾脆放棄了夢想，不再對未來抱以希望。

　　俗話說「有夢最美」，但是對於某些人而言（當然也包括時常訂立減肥計畫的我），從「許下願望」到「實現願望」似乎是一條遙不可及的道路。本文即試圖關注這個問題，探究為什麼即使有夢想，卻仍無法產生追夢的動力？尤其在高呼競爭力的時代裡，這個議題更顯重要。因為傳統上我們定義一個人的「競爭力」，多半是從其專業方面的能力來考量，卻很少關注這個隱藏在內心的心理變項。然而對於關心教育以及國家未來前途的人，這個問題卻不容忽視。本文即立基於此想法，並嘗試從正向心理學的「希望感理論」（Hope Theory）角度切入，探討可以如何改善這個「有願卻無力」的問題。

　　「希望」一詞雖然是生活中的常用語彙，在學術上卻是一個頗複雜的概念，因此有必要從其定義下手。[1] 不過由於它隸屬於正向心理學的陣營，

---

[1] 在此須先做澄清的是，由於「希望感」是一個我們在生活中如此頻繁使用的詞彙，以至於它很容易干擾了我們在學術上的理解。例如，對於有民俗信仰的人而言，去廟裡上一炷香、求一個籤文、請求神明保佑平安，這些都是他們認為提高「希望感」的有效方法。而基督徒認為透過禱告、信靠主耶穌並對未來有所盼望，亦將使他們產生無窮的希望感。然而這些想法，基本上與本文看待「希望感」時所採取的觀點是迥然不同的。正向心理學中的「希望感」，是將救治關鍵放在正向觀念的植入，以及執行務實的因應策略。因此對於身處挫折情境的人而言，得到性靈上的撫慰固然是一種美好的經驗，然而心理學家則會更認真思考：應該如何做，才能真正「增能」這個人。當然，儘管生活語言與學術用語大不相同，但它們卻是可以相互增益、達到殊途同歸的效果。

因此本文首先簡要介紹正向心理學的背景脈絡與其基本理路，再說明希望感理論在其中所扮演的角色，以及為何本文採用希望感理論來解釋人的「願力」議題。接下來則回到希望感理論，說明一個人的希望感如何受三因素的互動歷程所影響；並說明哪些人特別需要希望感，以及他們是如何逐步喪失希望感；最後則談應如何重拾希望感。透過本文的拋磚引玉，希望讓更多教育工作者能夠積極關注這個情意議題。

貳 正向心理學脈絡下的「希望感」

有關「正向心理學」一詞，乃由 Martin Seligman 於 1998 年提出，並在其擔任美國心理學學會（American Psychological Association）主席期間大力提倡（Peterson, 2006）。由於傳統臨床心理學大多關注於病人的診斷與治療，著重於解決問題卻缺少建設性的貢獻，因此心理學家開始反省此種取向的限制（詳見王沂釗，2005 之文獻回顧）。相對而言，正向心理學研究焦點則積極挖掘人的潛能與優點，例如：企圖探討為什麼有些人可以在重大災難中迅速復原？有些人可以長期抵抗病魔而不輕易倒下？還有些人能夠在困頓環境中卻愈挫愈勇？這種強調培養正向情緒與特質的研究取向，並積極締造能促使上述正向特質的支持系統與組織，對應用領域（包括教育、工商企業等）提供相當寶貴的理論視角。

目前此陣營已在心理學界成為顯學，許多議題更是受到關注，包括樂觀、自信、同理心、慈悲、感恩等正向特質（Lopez & Snyder, 2011）。由於正向心理學者的共同焦點都在培養新一代青少年具有更強韌的生命力與積極正向的人生態度，因此這個取向對於青少年教育工作者更具意義。而其中，C. R. Snyder 與其同儕針對「希望感」這個主題提出一個理論，稱為「希望感理論」（Hope Theory）。由於筆者認為 Snyder 等人提出的希望感理論架構相當清晰實用，相較於其他理論更能提供情意教育研究與教學上的參考，因此過去已根據這個理論進行一系列研究，包括用在探討中學生及現場老師的希望感、親子教養議題，以及作為讀書治療之文本分析的架構。這些結果皆已撰寫成文並集結為專書《從希望感模式論學業挫折

之調適與因應》（唐淑華，2010），有興趣的讀者可以參考拙作。此外幾位我指導的研究生亦曾將此理論應用在國中體育班的生涯輔導（陳怡蒨，2006）、網路成癮大學生輔導（黃致達，2007），以及一般的課堂教學中（日惠季，2011）。限於篇幅，以下將僅簡要介紹此一理論，以及其在教育上的應用。

參 何謂希望感？

「希望感」一向是文學與詩人所關注的主題，例如在希臘羅馬神話故事裡，潘朵拉耐不住好奇心將天神贈送的盒子偷偷打開，結果所有的「災禍」（Troubles）四處飛散，僅有「希望」（Hope）還留在盒子裡。而 Emily Dickinson 則說「*Hope is the thing with feathers*」，這些都是以非常美化與感性的方式來描述希望感。

相對而言，心理學者則採取較為理性的角度來思考此變項。例如：根據歸因理論，Weiner（1986）認為人在評估「希望」這種與未來較有關的情緒時，主要乃是根據結果的成功或失敗是否穩定（stability）而作歸因。亦即人若預期結果**總是**會成功，就會有 hopefulness 的情緒出現；反之，若預期失敗**總是一再**出現，就產生了 hopelessness 的情緒。雖然歸因理論對於人如何進行情緒歸因這件事相當具有解釋力，不過筆者認為若僅從單一向度來看待「希望感」未免過於單薄；且在設計輔導方案以進行介入時，更易感到此角度在應用上的侷限性。

誠如上述所言，由於近年以正向心理學觀點探討心理適應議題已成為一個趨勢，其中 C. R. Snyder 與其同儕（McDermott & Snyder, 2000; Snyder, 1994, 2000; Snyder, Cheaven, & Michael, 1999; Snyder, Rand, & Sigmon, 2002）提出「希望感理論」作為分析人的希望感的角度，筆者認為更具解釋力，因此本文乃採取這個觀點來探討希望感。根據 C. R. Snyder 等人，當我們對一件事情懷抱著「希望」，意指我們不會被動的等待著願望自動實現，而是會以主動的態度去追求目標。因此所謂「希望感」，實際上牽涉到三個因素的互動歷程：一是「**目標**」（goals）部分，

亦即當我們所追求的目標愈明確、重要與可行，我們的希望感也會愈高；二是「**方法**」（waypower，或稱為 pathway thoughts）部分，亦即當我們有愈多的方法或策略來追求目標時，我們的希望感也會愈高；三是「**意志力**」（willpower，或稱為 agency thoughts）部分，徒法不足以自行，亦即我們必須有強烈的決心與心理動力去運用上述各種方法來追求目標，這才表示我們是對這件事抱持著高度希望感。

雖然希望感涵蓋三個因素，但它卻必須先由「目標」這個變項而啓動。事實上，我們若從「希望」此字的英文字源檢視，便可找到它與「目標」之間的關聯。例如：根據《英語同義詞辨析大詞典》（王正元主編，1996）的分析，「希望」一詞雖與「願望」（wish）、「期待」（expect）、「等待」（await）這些概念頗相近，但它與「wishful」、「optimistic」等較不同的地方是，「hopeful」乃是特指那些較「有根據的、經過考慮的，而不是盲目樂觀」的願望（頁785）。可見當我們在談及「希望」這個概念時，顯然它必須以「目標」作為前提，亦即，一個沒有目標意識的人是很難產生希望感的。而 Snyder, Rand 與 Sigmon（2002）對早期心理學文獻回顧中，亦認為「希望」是一個人對其目標是否能達成的知覺，而目標的真確程度便決定了希望的高低。

綜上可知，當我們在理解「希望」一詞的意涵時，必須同時考量其所指涉的目標，以及此目標被實現的可能性。此項觀點在正向心理學中不但再次被提出，且賦予更明確的意涵。因此根據 Snyder 等人的觀點，「希望感」並非僅是一種盲目的、不切實際的情感反應。相反的，它是一種認知的思考歷程。在此思考歷程中，個體會根據先前所設定的「目標」，反覆推演計算自己是否具有足夠的「方法」達成目標，以及自己是否有足夠的「意志力」去運用這些方法。Snyder 等人認為，尤其當障礙（barriers）出現而使目標受阻時，更可以看到希望感的重要性——因為它牽涉到個體會不會有意願去找尋替代方法，並以類似繞路的方式來追尋原先希望達成的目標（如圖 1）。此外，當個體在追尋目標的過程中，若自覺一直沒有進展，不但希望感會因而降低，負向情緒會接踵而至，甚至最後還會嚴重損害其幸福感。

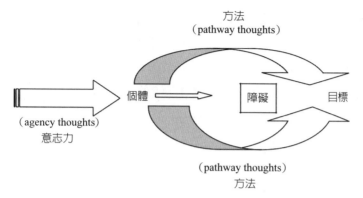

方法
（pathway thoughts）

個體　　障礙　　目標

（agency thoughts）
意志力

（pathway thoughts）
方法

圖1　Snyder等人對希望感的定義

肆　誰需要希望感？人如何喪失希望感？

　　生活中當然每個人都需要希望感，然而有一些人特別需要它，因為這些人很容易在過程中逐步喪失對未來的期盼卻不自覺。正如托爾斯泰在《安娜·卡列尼娜》的開場白所說的：「幸福的家庭都是相似的，不幸的家庭各有各的不幸。」缺乏希望感的人也是如此。儘管我們很難一語道盡這些人的特質，以及他們是如何步上灰心喪志之途，然而若以希望感理論來看，這些人倒是很可以跟希臘神話裡的悲劇人物——薛西弗斯（Sisyphus）作連結。

　　薛西弗斯因為犯錯而被眾神懲罰，每天必須將一塊沉重的大石頭推上山頂。他之所以悲慘，乃是因為當辛辛苦苦完成這個任務後，他還必須眼睜睜看著這塊大石頭滾進山谷。日復一日，薛西弗斯必須永遠地、毫無希望地重複這個無甚意義的動作。許多人每天在面對那堆類似「薛西弗斯式」永不停息的工作中也無法找到意義、保持高昂的鬥志。然而當人看不到自己工作的意義時，最容易喪失掉自我，也一點一滴消磨掉雄心壯志，甚至罹患了職業倦怠（job burnout）卻不自知。

　　根據Maslach與Jackson等人探討職業倦怠的發現，他們指出那些有著嚴重職業倦怠的人，常常呈現三種心理癥狀：一是「情感耗竭」（emotional exhaustion），亦即工作使得他們的情緒資源過度被耗損，導

致他們在情感上無法再對服務對象提供適當的回應；二是「去個人化」（depersonalization），指他們對於服務對象產生負面、麻木、冷淡或過度疏遠的態度，這種態度不但使得他們在看待別人問題時缺乏人性面的關照，更認為當事人的痛苦乃是其咎由自取的結果；三是「個人成就感降低」（reduced personal accomplishment），亦即他們不但對自己的工作表現不滿意，甚至也開始對自己的能力產生高度的懷疑與極為負面的評價（Maslach, Jackson & Leiter, 1997）。

因此不難想像，一些人因所從事的工作性質使其特別容易出現職業倦怠，這些人就更需要透過希望感來對抗倦怠感。Maslach 等人最初即針對那些高度人際互動的「助人行業」（如醫護人員、社會工作者、法律人員、學校教師）進行研究，但後來陸續發現，上述所描述的職業倦怠癥狀其實並不僅侷限於那些與人有較多接觸的工作角色。事實上，只要是工作中容易經歷過多或過久的壓力源，情緒資源過度付出的結果，便容易使其員工產生職業倦怠（burnout）。

如前述所言，當我們職場中充斥著許多「薛西弗斯式」的工作時，就很容易讓人感到無力感，認為自己對生活沒有掌控能力，進而在情緒上變得易於動怒、苦惱或不安。以學校教師為例，從希望感理論觀看教師這個行業，不難理解為什麼當前教育現場中屢見不鮮一些原本是相當認真於教學、最後卻反而被指責為情緒失控或缺乏熱情的老師。由於此行業所面對的對象是一群較不成熟的個體（至少就義務教育階段的學生而言），因此在客觀條件上中、小學教師本來就是容易產生職業倦怠的高危險群。而臺灣近年來積極推動教育改革，尤其在課程方面有相當大的變革。期待透過課程鬆綁、學校本位、課程統整、空白課程、彈性課程、自主學習等作法以革新國民教育階段之課程與教學。然而如此美好的教育理想與龐大的教改工程，實施至今，卻受到許多社會輿論的嚴厲批判，老師亦成為一群最常被指責的對象。究其原因，乃是因為這一波教改對老師的期待是成為主動的「課程設計者」、「課程評鑑者」與「行動研究者」（周淑卿，2004）。然而此種角色的轉換，卻造成許多老師的恐慌與困擾。尤其傳統上對於大多數老師而言，所謂「教學」便是只須依據教科書內容作補充以

及設計延伸活動便可。他們並不習於分析課程綱要內容、思考課程架構的問題，甚至很少對課程與教材進行研發與統整的工作。此種慣性的作法，導致他們在當前改革運動中不但感到格外挫折與壓力，他們的調適不力也容易被解讀為偷懶或抗拒。

此外，雖然教改企圖鬆綁教育政策，但由於社會價值觀念難改，使得考試競爭與分數至上的氣氛仍瀰漫在教育體系中。而老師若再缺乏自我省思能力，無法時時提醒自己是在從事一個「全人教育」的工作，而僅定位自己的工作是在教出分數高的學生，那麼當他／她又無法以多元且有效的方式達成此目標，且缺乏高昂的意志力來面對教學中的各項挑戰，那麼可以想像：這樣的老師，他們的希望感能有多高？！無怪乎許多「恨鐵不成鋼」的老師，在長期處於挫折的狀態下，逐漸成為一個對學生的問題缺乏同理心、動輒處罰學生，甚至傷害學生而不自覺的人了。

遺憾的是，這樣的職業倦怠感受也會出現在學生身上。一些研究（e.g., Lee, Puig, Kim et al., 2010; Zhang, Gan & Cham, 2007）發現，當學生出現「學業倦怠」（academic burnout）時，他們也經歷了與成人類似的模式，包括在情緒上感到耗竭、出現憤世嫉俗感以及學業效能低落等現象。因此我們可以再次拿希望感理論來理解為什麼學校裡有那麼多學生對學習缺乏熱情。尤其低成就學生，他們時常必須面對失敗的經驗，更是一個在學校中容易喪失希望感的族群。

如果我們思考學校設立的意義以及學校教育的目的，就會發現教育理論何其多，但大抵都同意教育的最終目的不過就是在幫助一個人學習，使他／她的潛能獲得最大的開發。因此，學校設立的用意無他，就是在創造一個「環境」──一個能夠正面影響學生學習經驗的地方。老師最重要的功能，則在運用各種積極有效的作為來影響學生的學習經驗。因此，我們可以很確定：無論推動哪些教育改革，或者流行哪些教育新思潮，「學習者的經驗是否產生有意義的改變？」以及「學習者是否獲得最大的成長？」這些根本問題，應該才是教育工作者需要關注的焦點。

既然學習是指有意義的經驗改變，那麼我們需要進一步思考：學生有自覺到這種成長嗎？Willingham（2009）在其《*Why Don't Students Like*

School?》一書中就直指，其實學生並不是不愛學習，也不是不愛思考，而是學校要求學生做的事，通常都只需要用到表層結構的知識（例如瑣碎的記憶或背誦），卻很少刺激學生作深度思考或者使用到深層結構的知識，以至於他們對學校總是興趣缺缺。Willingham 的觀察頗值得我們反省，因為「有意義的學習」（meaningful learning）的確不只是純然資訊增加的歷程。相反的，它必須透過學習者對知識進行主動建構，並依據現存的認知系統（亦即「基模」）對知識進行重組及統整，才會產生有品質的學習成果（Mayer, 2011）。然而，學校所教的許多內容卻常常是脫離情境脈絡，無法與學生的生活經驗發生關聯，因此從這個角度來解釋學生為什麼缺乏學習的熱情其實是相當容易理解的。老師能否在有限的上課時數內，將教科書上的內容進行有效的教學轉化？能否勇於對課本作適時取捨及增刪，使書本知識成為大概念（big idea）的學習？而如果這些問題皆無法有效的予以改善，那我們又怎麼能怪學生對學習充滿了倦怠感呢？

　　一般人對低成就學生尤其存有刻板印象，認為他們就是「很懶惰」、「很駑鈍」或「並不在乎」。其實從希望感理論的角度來看，他們乃是經歷了所謂的「灰心喪志三步曲」（Rodriguez-Hanley & Snyder, 2000）。就如同人人會在新年許下新的願望一樣，即使成績再爛的學生也會在新學期立志要用功讀書，希望拿個好成績。不過很無奈的是，隨著日子一天天過去，這些學生幾乎是以飛奔的速度朝反方向「達標」。他們的失敗軌跡不外是從最開始的「目標受阻」，到眼見目標愈來愈遙遠而產生「憤怒」（rage）的情緒，再來就是「絕望」（despair），最後則變成在別人眼中的「漠不關心」（apathy）的人。Rodriguez-Hanley 與 Snyder 稱此時的狀態為「心理死亡」（psychological death），亦即不再對未來抱以希望。因此儘管在我們面前的學生的確表現出一付不在乎的樣子，但從希望感理論的角度，他們早已經歷了一連串的失敗經驗。

　　其實沒有人希望當「魯蛇」（loser），筆者在大學任教也不時會遇到一些抱持著「厭世」[2]想法的年輕人，他們整日耍廢，儼然搞不清楚為什麼

2　這是新世代的語言，所謂厭世代並非真正厭世，而是代表著疲憊、不安定、對生活

要來念大學。但他們真的不在乎嗎？筆者認為恐怕亦不然。例如：2015 年劉克襄在網路上寫了一篇〈像我這樣四年級的人〉，結果馬上有兩位年輕人分別以〈像我這樣七年級的人〉以及〈像我這樣八年級的人〉回應，[3] 他們的文章在網路上尤其得到許多年輕人的共鳴，可見他們並不是不在乎。而這兩篇文章皆指出，年輕世代由於對臺灣的政治、經濟充滿了不安，他們看不見未來，也不斷在問「希望在哪？」因此他們的心中充滿了焦慮，表現在外的就是 Rodriguez-Hanley 與 Snyder 所說的「心理死亡」的樣子。

面對上述這個無奈的政治、經濟現況，它不但是全球性的問題，[4] 恐怕也無法馬上改善。但若從希望感理論的角度來看，面對一個未知的未來，應該是人類永遠都需要面對的挑戰。因此年輕人更需要被鼓勵（與提醒）：我們唯有盡其在我，設定一個明確的目標、積極生活並努力裝備自己，才有可能在機會來臨時被看見。事實上，不同世代皆有其各自的問題，隨著科技進步、生活水準提高，這一代青少年得以享受比上一世代更為富裕的物質生活。然而弔詭的是，許多研究卻指出，資訊時代的青少年在精神層面上並沒有感受到更高的幸福感，科技進步反而讓他們的成長更為艱難。例如：面對生活中充滿著各式 3C 產品的誘惑，如果他們缺乏足夠的自律能力，就很容易沉迷其中而不可自拔。學校本來是一個幫助人學習生命中種種重要能力的地方，而像「如何抗拒誘惑」這類學習更是青少年生活中真實需要學習的能力，然而我們老師卻忙於「教書」，卻對於青少年真正感到困擾的議題（包括：情感、價值、選擇以及抗拒誘惑等各種情意課題）缺乏積極回應的能力，這實在是身為老師的我們需要檢討的事。

沒有動力、對未來充滿徬徨，並認為環境不友善，因而討厭這個世界（資料來源：https://www.thenewslens.com/feature/millenial-angst）。

3　二文分別參見http://www.thinkingtaiwan.com/content/3813 與 http://www.thinkingtaiwan.com/content/3824

4　除了臺灣吳承紘（2017）著有《厭世代──低薪、貧窮與看不見的未來》，陳慶德（2017）的《再寫韓國：臺灣青年的第一手觀察》則是描寫韓國的青年；Meg Jay在《20世代，你的人生是不是卡住了》（胡琦君，2014）也提到了美國年輕人對未來的不確定性，可見這不是臺灣獨特的問題。

上述有關如何讓教學內容呼應學生需求的說法的確非常具有挑戰性，然而卻是負責任的老師不能逃避的事。尤其青少年面臨許多發展任務，他們需要學習在角色之間作選擇並解決各種衝突（包括：我該「成為受朋友喜愛的人？」或是「成為聽話的學生？」），然而他們卻擁有極少的控制權，舉凡「為什麼學」、「如何學」、「何時學」、「學什麼」、「在何處學」、「與何人學」等議題，皆已被體制嚴明的制度所綁住，因此許多學子早已習慣處於被動的學習狀態。他們不僅不知道自己學習的目的，有些人甚至因為沒有好的學習方法而一再感受學業挫折，最後終至走向自我放棄、甚至中輟的不歸路。課程學者 James Beane（1990）便指出，其實就算是再沒有學習能力的學生，也願意對他們認為重要的事情（如交朋友、玩電動、融入次文化等）投入學習，可見我們實在不能輕易以「不在乎」來描述這些人。而 Beane 也認為，有一些學生雖然不被學校所認同，但其實他們已盡最大努力了，因此學校更應該從他們的學習需求來思考：該如何做才是更友善的作法？以及該如何做才能真正幫助他們？

　　或許上述的例子對我們最直接的啟示便是：為什麼老師要認定自己的工作僅是在「教出分數高的學生」？另一方面，老師也應捫心自問：為什麼我們常常讓學生陷入那堆類似「薛西弗斯式」永不停息的課業中卻找不到意義？當一個學生看不到自己每天上學的意義時，他們如何不喪失掉自我，一點一滴消磨掉學習熱情呢？遺憾的是，上述這些有關「學習目標的思考」、「課業壓力的調適」，以及「如何激勵自己學習動力」等議題雖然如此重要，卻很少被納入成為學校或課堂中討論的議題，這實在相當可惜。

　　其實許多人在生命中都會出現類似的消極態度，認為自己並無能力改變整個大環境，「我不過是顆小螺絲釘罷了！」這當然就涉及了「集體希望感」的問題，此固然有待整個組織文化進行改造工程，不過許多人的確在忙碌的生活中忘記了自己的初衷，也忘記了一個重要的道理，那就是：我們的生命是如此短暫而有限，我們唯有努力實現夢想才能證明自己曾經存在過。因此儘管個人的力量相當微薄，但是如果每個人都願意發揮自己的影響力來改善這個世界，那麼聚沙成塔的力量仍是不可小覷的。換言

之，我們唯有胸懷大志，帶著希望感向前邁進，才能在無可避免的各種壓力中找到全新的力量，也才能在每日「薛西弗斯式」的磨鍊中產生支撐繼續往下走去的力量。

伍 如何重拾希望感

綜上所言，由於希望感理論內涵結合了有關目標設定、問題解決、自我效能、挫折因應能力等重要心理能力，頗能夠用來作爲提升工作態度的理論依據，因此接下來筆者再以希望感理論作爲基礎，探討如何重拾「希望感」。

一、發展具體可行且具重要性的「目標」

根據希望感理論，個體的目標愈是明確、具體與可行，其希望感愈高。因此提升希望感的第一步，乃是先從「目標」方面著手。尤其應問自己：「我清楚自己的目標嗎？」「我的渴望是什麼？」以及「我設定的目標合理嗎？」

尤其針對最後一個問題，許多人在目標設定上常常犯了好高騖遠的毛病（可能是缺乏自知之明，或者是眼高手低），導致所設定的目標過於高遠。因此此時便應列出自己的優先順序，並將遙遠的、長期的大目標分割爲具體、可行的小目標，藉由專注於立即可行的小目標上以逐步完成大目標。此外，有些人則是劃地自限，不敢嘗試較具挑戰性的目標，這時便應鼓勵他們讓想像力馳騁，允許自己可以盡情作夢。

簡言之，希望感理論雖然認爲目標可以是短期也可以是長期的，但對個體而言都應該具有足夠的重要性與價值感，這是一種「所欲的目標」（desired goal）；相對而言，由他人代爲訂定的「可欲的目標」（desirable goals）則很難產生足夠的力量。而當目標具有某種不確定感時雖然能夠增加其挑戰性，然而其成功機率亦須適中，否則成功機率不高的目標，將很難使個體產生希望感。

二、擴展與精進各項工作技能，以強化「方法」方面的思維

有了清楚的「目標」之後，下一步便是發展出各種可以到達目的地的「方法」。通常每個問題都有至少一種以上的解決方法，而 Snyder 等人發現希望感愈高者，愈能想出其他替代方案。因此當遇到挫折時，或出現瓶頸，那麼此時便應專注於「方法」思維。問問自己：「我的方法好嗎？」「我應該如何提升自己的問題解決能力？」

希望感理論認為「方法」的選擇與使用是達成目標的關鍵，但有時大目標須分解為幾個小目標才能夠漸次完成。因此當遇到困難時，更須主動嘗試，從眾多方法中找到較為可行的作法，如此才能順利地提升希望感。

三、增強個體之「主體性」與「意志力」

「徒法不足以自行」，即便有清楚的目標與方法，若當事人知覺的自我能力是非常負向消極的，則亦無法產生足夠的動力。根據希望感理論，所謂「agency」就是指對於自己是否能夠使用 pathway 來達成目標的知覺。這是一種「自我內言」，亦即「我可以做得到」、「我不會輕易放棄」。尤其在遇到障礙時，agency 會幫助一個人有強烈動機使用其他的 pathway。因此我們應該重新定義何謂「挫折」。事實上，我們若能對於障礙就有所預期，那麼所謂「失敗」，其實也只不過是「尚未成功」的代名詞罷了。愛迪生的名言「誰說我失敗呢？我已經知道有一萬多種方式是行不通的。」便在說明這個道理。[5] 因此我們應將失敗視為追尋目標道路上很自然的一件事。而我們若能將問題視為一種可以振奮自己的挑戰，並享受追求目標的過程，且不要只把眼光聚焦在最後的成果上，那麼這種具有彈性的態度，反而讓我們產生更大的動力。

尤其當我們設定一個目標後，若事與願違，現實種種考驗與阻難迫使我們的目標無法實現，則我們更應該停下腳步來反省檢討：「事情為什

---

5 此句原文為"If I find 10,000 ways something won't work, I haven't failed. I am not discouraged, because every wrong attempt discarded is often a step forward...."（資料引自http://www.thomasedison.com/quotes.html）

麼會這樣？是自己用錯方法了？還是自己還不夠努力？或是應該重新調整自己的目標？」總之，套用希望感理論的話，在追求目標的過程中，「目標」、「方法」與「意志力」的確是三者缺一不可的要素。

陸　結語

接觸希望感理論，對我個人是一件相當有意義的事。它不但讓我在學術研究上能更系統地看待教育問題，對於提升個人生命品質也有莫大助益。

不能否認的，希望感並不是萬靈丹，有一些結構性的問題或許影響力更大。例如：大學生的迷失是否源自於中小學階段的學校課程設計就出現了問題？或是升學考試制度讓他們在學習過程中一點一滴喪失學習的樂趣？然而，個人認為解決教育問題千頭萬緒，當前積極推動的各項教育改革正是希望解決這些結構性的問題，但在理想的教育制度出現之前（或可問：真有這一天的到來嗎？），我們仍然應該要相信凡事「盡人事聽天命」。所謂「盡人事」，透過希望感的視角，就是指讓我們聚焦於可改變的事情上：究竟是我們所設定的「目標」不對（例如：不夠具體或不切實際），或是「方法」不對（沒有找到好的問題解決方式來對症下藥），亦或是「意志力」不足（缺乏持之以恆的毅力與耐性）。因此希望感理論可以幫助我們重新檢視問題，找到究竟是哪個零件出差錯，並能夠逐步修正問題。

在「聽天命」方面，它更幫助我拉高視野，不時叩問生命的意義何在。我尤其感謝文學對我的幫助，由於我是一個雜食的閱讀者，因此透過閱讀時常讓我能夠跨越時空障礙，與一些有智慧的人相遇。而許多句子也在我的心田留下重要位置，那些都是我的救贖。例如：李白提醒我要放大生命格局，「夫天地者萬物之逆旅，光陰者百代之過客，浮生若夢，為歡幾何。」而 Pushkin 這首美麗的詩也時時振奮著我：

假如生命欺騙了你，莫悲傷，別生氣！

憂愁之日要克己，要相信快樂會降臨。

心靈憧憬著未來，眼前的總令人沮喪。

一切將轉眼不在，逝去的常令人懷想。

（歐茵西譯，2018）

　　因此「有願就有力嗎？」雖然我頗懷疑這句話的可信度，不過「夢想」確實是一個不錯的開始。它讓我們可以認真思考：在離開這個世界之前，我們希望如何證明自己曾經活過？除此，當然更重要的，還是要用「對的方法」以及「高昂的意志力」來實現這些夢想。

參考文獻

中文部分

王正元主編（1996）。英語同義詞辨析大詞典。臺北市：中央圖書出版社。

王沂釗（2005）。幽谷中的曙光——正向心理學發展與希望理論在輔導上的應用。教育研究月科，**134**，106-117。

日惠季（2011）。文本討論提昇國中學生學業希望感之行動研究。國立臺灣師範大學教育學系在職進修碩士班，未出版。

吳承紘（2017）。厭世代——低薪、貧窮與看不見的未來。新北市：月熊。

周淑卿（2004）。我是課程發展的專業人員？——教師專業身分認同的分析。教育資料與研究，**57**，9-16。

胡琦君（譯）（2014）。Meg Jay 著。20世代，你的人生是不是卡住了。臺北市：天下文化。

唐淑華（2004）。情意教學——故事討論取向。臺北市：心理。

唐淑華（2010）。從希望感模式論學業挫折之調適與因應。臺北市：心理。

陳怡蒹（2006）。希望理論融入生涯輔導方案以提升國中體育班學生生涯發展

概念與希望感之實驗研究。國立東華大學教育研究所碩士論文，未出版。

陳慶德（2017）。再寫韓國：臺灣青年的第一手觀察。新北市：月熊。

黃致達（2007）。以希望感理論設計案例討論進行大學生網路成癮之研究——以東華大學生為例。國立東華大學教育研究所碩士論文，未出版。

歐茵西譯（2018）。A. S. Pushkin 著。假如生命欺騙了你：俄羅斯哲詩選。臺北市：櫻桃園文化。

英文部分

Beane, J. A. (1990). *Affect in the Curriculum.* New York, NY: Teachers College Press.

Lee, J., Puig, A., Kim, Y-B., Shin, H., Lee, J. H., & Lee, S. M. (2010). Academic burnout profiles in korean adolescents. *Stress and Health, 26*, 404-416.

Lopez, S. J., & Snyder, C. R. (2011)(eds.). *Oxford handbook of positive psychology* (2nd ed.). New York, NY: Oxford University Press.

Maslach, C., Jackson, S. E., & Leiter, M. P. (1997). Maslach Burnout Inventory. In C. P. Zalaquett & R. J. Wood (Eds.), *Evaluating Stress: a book of resources*. Lanham, Md.: The Scarecrow Press.

Mayer, R. E. (2011). *Applying the Science of Learning.* Boston, MA: Allyn & Bacon.

McDermott, D., & Snyder, C. R. (2000). *The Great Big Book of Hope.* Oakland, CA: New Harbinger Publications.

Peterson, C. (2006). *A Primer in positive psychology.* New York, NY: Oxford University Press.

Rodriguez-Hanley, A., & Snyder, C. R. (2000). The demise of hope: On losing positive thinking. In C. R. Snyder (Ed.), *Handbook of Hope* (pp.39-54). San Diego, CA: Academic Press.

Snyder, C. R. (1994). *The Psychology of Hope.* New York, NY: Free Press.

Snyder, C. R. (2000). Hypothesis: there is hope. In C.R. Snyder (Ed.), *Handbook of Hope: Theory, Measures, and Applications* (pp.3-21). In San Diego, CA:

Academic Press.

Snyder, C. R., Cheaven, J., & Michael, S. T. (1999). Hoping. In C. R. Snyder (Ed.), *Coping: The Psychology of What Works* (pp.205-231). New York, NY: Oxford University Press.

Snyder, C. R., Rand, K. L., & Sigmon, D. R. (2002). Hope theory. In C. R. Snyder & S. J. Lopez (Eds.), *Handbook of Positive Psychology* (pp.257-276). New York, NY: Oxford University Press.

Weiner, B. (1986). *An attributional theory of motivation and emotion*. New York, NY: Springer-Verlag.

Willingham, D.T. (2009). *Why Don't Students Like School?* San Francisco, CA: Jossey-Bass.

Zhang, Y., Gan, Y., & Cham, H. (2007). Perfectionism, academic burnout and engagement among Chinese college students: A structural equation modeling analysis. *Personality and Individual Differences, 43*, 1529-1540.

說的教育vs.聽的教育

5

方永泉

國立臺灣師範大學教育學系教授

「人們既不懂得怎樣去聽，也不懂得怎樣說話。」

〜赫拉克利圖斯（Heraclitus）

「所有人都說話，但沒人願意聽。」

〜尼采（F. Nietzsche）

「無聽之以耳，而聽之以心；無聽之以心，而聽之以氣。」

〜《莊子・人間世》

壹 緒論

　　自從批判教育學（critical pedagogy）於上個世紀下半開始興起後，「聲音」（voice）或「發聲」（voicing）的概念遂進入教育理論乃至社會的流行語彙中，成爲一個教育工作者甚至社會大眾所日益關切的重要主題。當初批判教育學最重要的精神領袖 Paulo Freire 之所以倡導「發聲」的概念，主要是爲了從鉅觀的層次上破解所謂的沉默文化（culture of silence），Freire 觀察到，不管是在教育或是在教育之外的更廣大的社會脈絡下，當時的社會（指 1960 到 1970 年代）都被一層所謂「沉默文化」所籠罩著（Freire, 1972）。Freire 對於沉默文化的分析雖然是針對當年的巴西社會而發，認爲其是來自於「囤積式教育」（banking education），致使得「受壓迫者」（the oppressed）無法發出自己的聲音，爲自己的世界命名，進而無法爲自己開展行動。但從某個角度而言，其分析倒也超越了「地域性」，適用於許多地方的教育，包括臺灣在內。的確，回想我們自身的成長過程，教師教學時並不鼓勵學生發聲發問，有時還刻意壓制，其結果一方面使學生的探索好奇之心逐漸退去，另方面則喪失了爲自己發言的勇氣，無法成爲追求眞理及追求社會正義的鬥士。

　　隨著整個社會及政治民主化工程的漸趨完成，前述的沉默文化及囤積

式教育開始受到了人們的批判，原先強調「聆聽」的「聽的教育」也受到貶抑，後者往往被認爲是「馴服」的工作、「被動」的教育。轉而受到重視的是「發聲的教育」或是鼓勵學生「說的教育」，其甚至成爲當今社會及教育的主流聲音。先不論重視弱勢、少數「聲音」的多元文化教育，如近年來普受重視的「翻轉教育」（flipping education）、「學習共同體」（learning community）等教育上的概念，皆是重視學生主體、強調學生表達權利及能力的教育。

除了教育觀念的改變外，外在社會及政治氛圍的變化也鼓勵了學生或青年人表達訴求的發聲權利。例如發生在 2014 年的太陽花學運及反高中課綱微調運動，不僅是社會運動、政治運動，也是一場驚天動地的教育運動，其不僅改變了臺灣的政治及社會走向，更對日後臺灣的教育影響深遠。因爲這幾場運動的風起雲湧，使得這個國家的成人從此不敢過分輕忽學生的聲音及訴求，後來甚至連攸關國家未來教育與課程改革的「高級中等以下學校課程審議會」其組成委員都必須納入學生代表在內，學生代表對課程改革的主張及聲音，正式成爲體制的一部分，而且傳播媒體對於學生代表意見頗爲重視因而不吝予以報導，這也使得部分學生代表的爭議性發言往往受到媒體的「放大」與檢視，經常受到社會大眾的矚目。

新媒體時代的來臨及網路科技的發達，使人更加勇於表達自我，也讓「發聲」成爲今日的主流價值。爲了搏取曝光率（包括收視率及點閱率），許多的「名嘴」、政治人物、網紅屢屢「語不驚人死不休」，動輒嘲諷謾罵、言詞辛辣，有時甚至無中生有、顛倒黑白，他們篤信先罵先贏、巧言飾非的「圭臬」，對於他人所言總是充耳不聽、冷嘲熱諷，因而衍生了許多社會及媒體的亂象。

不容諱言的，前述強調的「發聲」的價值觀，固然突顯了民主社會的自由及多元的價值，但也可能導致整個社會價值觀錯亂、缺乏一定程度的共識，也容易使得社會對立日益加劇、國家建設停滯不前，甚至產生民粹暴力的問題。觀察臺灣社會近年來的發展，確實存在有上述的隱憂，個人總是競相發表自己的意見、勇敢表露自己的立場，但對他人的主張似乎卻不願花費時間仔細聆聽，更遑論虛心接納。從筆者的角度來看，其部分原

因可能是出自目前我們的教育總是一再推崇「發聲」及「表達」，但卻經常無意間貶抑「聆聽」與「接納」的結果。

貳 「說」的教育

在本文中，以「發聲」為主的教育，暫名之為「說的教育」。如前所言，這種強調「發聲」的「說的教育」，源於批判教育學對於弱勢者及學生「聲音」的重視。但在批判教育學者的眼中，所謂的「發聲」更具有政治上的意涵，其意味的是在一個階級區別、貧富差距較大的社會中，身處弱勢之受壓迫者的民眾能發出自己的聲音，而非讓身居強勢的壓迫者世界觀、生命觀取代他們自己的真實想法。應用於實際生活，在現代社會裡，「說的教育」不只具有「政治」的意涵，也包括了「教育」的內容，其所指是在一個較為民主平等的社會中，以爭取個人權益或社會正義為目標，強調口語或語言之表達內容、能力及技巧的教育；這種教育基本更重視受教者主體性與積極性的培養，並著眼個人在社會中的適應與競爭能力培育的重要性。

在此借用 Batchelor（2006）對於「學生聲音」（student voice）不同模式的分析，其認為所謂的「聲音」包括了不同的組成要素：(1) 知識論上的聲音（epistemological voice）；(2) 實踐的聲音（practical voice）；(3) 存有論的聲音（ontological voice）。其實這三種組成要素，也可以視之為人們之所以要發出聲音的原因或目的。換言之，我們之所以要提出發聲的訴求，是為了要求取知識，這個知識可能是過去有意無意被隱蔽的，因而導致我們對自己現況的「無知」；再則，我們為何要表達自己的意見主張，是為了在自己的生活產生某些實質的改變及影響，而原本我們對於自己的現況是感到無能為力的。最後，我們之所以決定發出自己的聲音，是為了提升生命與人性化，因為我們原先以為他人和自己之間是有著高下地位的不同的。

從批判教育學的角度來看「發聲」，無論是獲得知識、改變現況，或是追求平等的生命和存在，基本上都是為了回復或促成社會正義，進而促

成每個人的眞實人性；「發聲」本身固然重要，但其更像是一種爲了達成崇高目的之手段或過程。然而在一個民主多元、高度資本化及傳播科技發達的社會裡，「發聲」卻似乎成爲一種目的本身，「爲發聲而發聲」——因爲大家都居平等地位，也都有機會可以發出自己的聲音，所以「發聲」甚至「發出更大的聲音」，以引發其他人乃至媒體的關注，逐成爲重要的議題。在這個訊息眾多、注意力卻匱乏的「注意力經濟」（attention economy）[1]時代中，博取版面、爭取注意，在眾多訊息中獨樹一幟、建立特色，才是最重要的事情。而當你脫穎而出，成爲意見領袖或所謂「網紅」後，接下來你的聲音就會更爲人所重視。就在這個爭取注意的過程中，「發聲」有時會流於嘩眾取寵，發聲者也可能對於其他人或其他的聲音視而不見、充耳不聞，甚至還可能會打壓不同的意見和立場；他所關心的可能只是發聲的方法、管道和技術，以及如何讓自己被聽見、被注意的問題，但對於自己爲何要發聲的原因，以及發聲之後可否達成自己所期待的原初目的，甚至對於此種發聲方式是否「適當」的問題，則不太會去考量。

爲了符應當前社會的「競爭」、「卓越」的主流價值，強調「發聲」的「說的教育」，在教育另外產生的影響則是注重學生在口頭及語言方面的技能，尤其認爲學生應該具備運用多種語言的能力；著重學生在學習與行爲上的主動性與積極性，希望學生能夠具有一定程度的領導力、競爭力，以求日後能在社會上出人頭地，某些在社會上頭角崢嶸的成功人士（尤其是企業家）逐經常被引用爲值得效法的範例。基本上，教育以學生爲「主體」的此種說法並無問題，但若過度偏重競爭、卓越的成功典範，則可能會使人誤以爲教育的目的就是在追求「打敗」他人，以在眾多的同儕中脫穎而出。而只重視語言表達的技能，也易使人對於語言內容「究竟」如何失去興趣；這個社會中雖然大家談到「名嘴」多半帶著貶

---

1 「注意力經濟」應該是由經濟學家H. Simon於1971年首先提出的名詞，他指出在一個資訊豐富的世界中，資訊豐富就意味著某件事物的匱乏：資訊消費的匱乏。而資訊消費所消費的正是其接收者的注意力，因此資訊的豐富反會創造出注意力的貧乏。

義，認為其不學無術、指鹿為馬，然而還是人人競相為「名嘴」，因為可以名利雙收，何樂不為。此外加上目前教育所推崇者許多皆是特立獨行的奇人異士和企業家，如 Apple 的創辦人 Steve Jobs 或是 Facebook 的 Mark Zuckerberg，現今教育常鼓勵「勇於作自己」、「和其他人不一樣」，但一般人所學到的卻可能只是作到表面的「怪異」、「自我中心」乃至「不容易接受他人意見」，而對於成功人士在背後的努力及付出卻無法真正體察。

人作為一個人（person），本來就是要「發聲」。英文 person 一詞來自拉丁文的 persona，而其原意為「面具」，是演員在演戲時所配戴者，而該字又來自於 personare，意指「透過……發聲」（to sound through），而面具的功用就是演員透過其來發聲，有時甚至可擴大音量。不過著名政治學者 Hannah Arendt 在隱喻地使用該字時，並非如羅馬時代用法將其當成「政治上的人」（political person）以與「人類的一員」區隔開，而是將其當成「獨特的此（個）性」（unique thisness），亦即一個人即便未被定義（without being "definable"）也仍然是可被識別的（identifiable）（Arendt, 2003: xxxii）。若從 Person 的字源角度引申來看，人只有在扮演角色當中，才能成就獨特的自我（personality）。當然人要藉著「發聲」、「被聽見」才能刷出自己的存在感，然而在此也要指出的是，人也必須在演戲或扮演角色，也就是與他人的互動中才能完成真實的自我。每個人都想被聽見，發聲的目的是為了「被聽見」，倘若沒有「聽見」的人，對發聲者進行理解並與之互動，則發聲者的自我無法完成。另外，在扮演角色時，每個人也應該去聆聽他人及觀眾的迴響或聲音，否則無法發出「適當」的聲音，更無法扮演好自己的角色。

隱喻性地說，因為「人」或「人格」（person）是一個與「聲音」有關的概念，實現「人格」的歷程就是一種與「聽覺」有關的活動。Sound 不只是「發出的」聲音，也是「聽到的」聲音，「發聲」的目的是為了「被聽到」，因此，從另一個方面來說，它也是一種「聽覺」的活動，與「聆聽」有關。如果每個人都搶著「發聲」，那在所謂的「眾聲喧嘩」之中，就不會有人能夠「聽到」或「聽得清楚」。進而言之，假若發聲者不懂得

「聆聽」他人的重要性，也不知道如何去聆聽他人，那麼在與他人相處的過程中，就無法扮演好自己的角色，完成「獨特」的「人格」。

參 「聽」的教育

從哲學的角度來看，西方哲學的傳統中，由於其向來假定「作爲主體可以毫無遺漏的看到一切事物，作爲客體的世界可以完全呈現於這樣的觀看之前。」因此其形上學傳統主要是建立在「邏各斯中心主義」（Logos-centrism）和「視覺中心論」之上，向來也較重視「視覺」或是「觀看」的隱喻，至於與「聽覺」或「聆聽」有關的隱喻和論述則傾向常常被貶抑。不過自從尼采（Nietzsche）主張「最好的耳朵」（the best of ears）、「更爲敏銳的耳朵」（more fined ears）及「第三隻耳朵」（the third ear）之後，後來的西方思想家們逐逐漸開始圍繞著「聆聽」、「傾聽」的問題開啓他們的研究，一些與聽覺有關的概念，如「聲音」、「沉默」、「節奏」、「身體」、「凝視」、「語言」、「存在」、「事件」、「他者」、「召喚」、「好客」、「禮物」、「責任」等也都受到了囑目。傾聽（聆聽）這一概念在當代哲學領域中得到了不同角度的探討，學者開始用詩意的語言，在寂靜中傾聽存在的語言（耿幼壯，2013：7-9）。

另位當代哲學家海德格（M. Heidegger）則眞正使「聆聽」成爲一個至關重要和影響深遠的哲學概念，「聆聽」不再只是一種生理或心理的現象，而成爲一種「存有論」（ontological）的可能性，人類必須聆聽他人和良心的召喚並作出回應（同前註，頁21-24）。換言之，「聆聽」成了人存在結構中的一部分，每個人都必須聆聽「存在之聲」，並且進行回應，如此才能開展自己存在或生命的意義。

當代學者們之所以紛紛轉而重視「聆聽」的重要性，除了具有學術典範轉移的意義外，主要原因還是在於「聽覺」相較於「視覺」有其獨特的性質之故。Lionel Kochan 分析：「……耳朵有接收和理解語言信息的能力……眼睛的理解能力僅僅侷限在對象的表面，它的式樣、色彩、形狀等等。如果以這種種方式理解對象，很可能就無法明確清晰地把握對象的特

性。」（姚建彬等譯，2007：181-182）耳朵不只是被動接受信息，它還能記錄時間的序列，所以聲音又包括了時間在內。在視覺方面，因為它是空間的、靜態的，為了理解我們所「見」東西的意思，我們並不須等待。但屬於「聽覺」的聲音，是動態的、是時間性的，其形成一系列的印象，它總是帶我們進入一系列的時間中，要理解說出的「話語」，我們就必須等到話語系列的結束。在進行聆聽時，我們總是想知道：「接下來會是什麼？」（同前註，頁182）

　　將「聽覺」與「視覺」的哲學傳統分別出來並進行比較，可以說是探討當代西方思想發展的一個重要課題。而屬於「聽覺」部分的聲音其實又可分為「發聲」和「聆聽」兩個部分。筆者在此並無意貶抑「發聲」在教育中的重要性，確實在一個只知服從外在命令、接受權威指導，並且充滿各樣迷思而不加批判的社會中，「能夠」並且「勇於」發出自己的聲音是十分重要的。然而相對來說，在一個已經充斥各種聲音，每個人都幾乎有相等的機會發聲的社會，有時甚至還可結合主流媒體、政治或商業意識型態，讓自己聲音無限放大的資本主義社會中，我們是否還要再強調「發聲」（尤其無法聆聽異見的發聲）教育的重要性？這就有待商榷了。舉例而言，以往在威權時代敢於向威權者挑戰，發出自己的抗議之聲，確可稱之為有勇氣的行動；然而在政治氛圍已然改變，政黨輪替、意識型態也已經大幅翻轉的今日，若還是向已成昨日黃花或是「落水狗」的歷史人物進行鞭屍、潑漆等舉動，以標榜自己向威權挑戰的勇氣，其舉動不僅看來幼稚可笑、多此一舉，更有可能激發社會極端力量間的對立，也無法達成自己所宣稱的發聲的目的。

　　「發聲」的過程需要「聆聽」，有時甚至必須以「聆聽」為起點。而教育更是一種「聽覺」的活動，在中文的使用中，我們常以「聽到與否」作為學生是否有「學到」的根據，例如：上課時，教師在與學生互動時，常會以「聽見了嗎？」「聽清楚了沒有？」「聽懂了沒有？」等問題來詢問學生有無習得教師的教授內容；甚至我們還會以「聽」來斷定學生的行為表現，例如「聽話」、「聽從」等語。「聽」雖然是一個感官動作，但在日常生活的語言使用中，卻也代表了「成果」或「行為」的展現，「聽見」

自然地與「懂得」或是「服從」連結在一起，這似乎暗示了「聽見」與人的內在「理解」或「心理」有著更多的連結。當一個人說他「看到」的時候，並不蘊含著認知上的理解或心理上的共鳴，但當一個人說自己「聽到」的時候，我們往往會假定他已經理解，甚至在心理上準備好接納了。

而從歷史上一些重要的思想家及教育家的生平及思想來看，有許多在其生命或學說中也都強調了「聆聽」的重要性。以下試舉幾個例子說明。

一、聆聽神靈之聲的蘇格拉底

作為西方歷史上第一位偉大教育家及哲學家的蘇格拉底（Socrates），以其誨人不倦的教育精神和追根究柢的教學方法而留名後世，他十分擅用對話的方法來教導雅典人如何過著理想的生活（good life）。事實上蘇格拉底不僅長於議論，更善於聆聽，我們在柏拉圖（Plato）的《對話錄》中，總是可以看到蘇格拉底在聆聽對方的長篇大論後，再針對其論證的弱點進行批駁。我們不得不這樣說，蘇格拉底長於對話，應該與其擅長聆聽有關。

此外在他的同伴及學生的眼中，蘇格拉底還是個有「怪癖」的人，常在夏天冬天穿著同樣單薄的長袍赤腳行走，更怪的是，蘇格拉底似乎有「幻聽」！他宣稱從小開始就會聽到一些神祕的「聲音」或是「神祕的徵兆」。這種被稱為「Daimonion 之聲」的聲音，從蘇格拉底幼年時就開始伴隨著他，在其生活中會偶而出現，而且經常是在平凡的場合發生，並且總是採取一種突然抑制的形式（趙繼詮等譯，1999：25）。「在很多時刻，很多地點，某個神聖或神靈之物接近我……我自小開始有此經驗。它是某種聲音，當其降臨時，它總會將我從我正想要作之事中帶回（hold me back from），而非促使我向前進。」（Plato, Apology: 31d）。

蘇格拉底這種「異常」行為，有時是以專心和出神的方式突然發作，有時則是以發呆或是狂喜的方式表現。在〈饗宴篇〉（Symposium）中記載曾有一次發作時，蘇格拉底正在軍隊中服役，他甚至站立著沉思長達一天一夜（Plato, Symposium: 220c-d）。蘇格拉底的這種習性，我們當然可

以將其解釋爲是一種「內在」或「良心」之聲，但是從他及其友人繪聲繪影的描述中，似乎更像一種警示的信號——I. Saliu 將其名之爲「恐懼求生系統」（Fear Survival system）（Saliu, 2010）。換言之，當蘇格拉底要作出抉擇時，某種類神靈（daimonion）之物會指示禁止他從事某種行動，而這一指令可能攸關其未來的安危，在當下，蘇格拉底必須停下手邊所有的事情，靜下心來聆聽神靈所給予他的指示。

我們必須承認，有著像蘇格拉底這樣異能的人並不多，但是從這位偉大教師及哲學家的例子來看，身爲平常人的我們也許可以學習到的是，暫停下來，沉澱自己的心靈，聆聽著這無論是來自外在的神靈或是自己生理及心理上的警示和聲音。蘇格拉底聆聽神靈之聲的另一層意義則是，在蘇格拉底的心中，對於未知的力量存有一份「畏懼」或「敬畏」之心，而這份「畏懼」使得蘇格拉底在作出任何抉擇時方能更加謹愼惕勵。從蘇格拉底最後爲哲學殉道來看，我們或許可以這樣說，正因爲蘇格拉底有所「畏」，故能成就其「大無畏」，讓其能夠從容莊嚴面對死亡而無所畏懼。

二、聆聽內在之聲或上帝之聲的奧古斯丁

奧古斯丁（Augustine）是西元 4-5 世紀時重要的神學家及哲學家，也是中世紀早期最重要的教育思想家，他的教育思想確立了異教學術（人文七藝）在基督徒學習中的地位及重要性。作爲一位重要的思想家與多產的作家，奧古斯丁的不少著作卻是以「對話」，而且是「內在對話」（inner dialogue，獨白或自我對話）形式寫成。

例如：在他最早的著作《論美與適度》（*De Pulchro et Apto*）中，奧古斯丁就提及該書本來是一場對話，且是源起於一場「獨白」（soliloquy），該「獨白」一方面正是他沉思的口語表達（mouthpiece of contemplation），一方面卻又是一種對於上帝「內在旋律」（inner melody）進行聆聽的嘗試（Stock, 2010: 74-75）。

另在著名的《懺悔錄》（*Confessions*）中，奧古斯丁也提到了聆聽「內在之聲」（inner voice）或「上帝之聲」（God's voice）的重要性。《懺

悔錄》中他一再地藉著內在的對話，闡述自己改宗基督教的過程。他將自己當成是赤裸裸地站立於「良心」（conscience）之前，然後與「自我節制」（continence）展開辯論。接著，有一個內在的（也是外在的）聲音告訴他，「拿起」（pick up）保羅（St. Paul）的《羅馬書》並去閱讀（read）其中的章節。然而他開始產生內心的告解（inner confession），這又構成了另一個「獨白」，它是從他的心靈所發出的一種吶喊（"a cry" from his "mind"）（Augustine, *Confession*, ch.8; Stock, 2010: 74-75）。

　　奧古斯丁所講的「獨白」，其實並非全然的「自言自語」，而更像是一場天人交戰的「內在對話」。這場天人交戰發生在他的心靈之中，所以他必須凝神聆聽，才能聽見這「內在的」聲音，對奧古斯丁而言，這個內在的聲音更是真實的聲音，而且它是來自於外在的上帝。當然，對於非宗教信徒的一般人來說，不一定相信「上帝之聲」的存在，然而「內在的聲音」與「內在的對話」卻是值得在生命中歷練的感受。惟有當一個人能夠真實地反省面對自己的時候，他才能夠聽到自己內在的聲音；也惟有一個人能夠真正地從事內在的對話時，他才可能面對生命中的關鍵時刻。

三、聆聽自然之聲的盧梭

　　被視為西方教育史上的巨人，18 世紀重要的教育思想家盧梭（J.-J. Rousseau），也如同奧古斯丁般的，寫了一本《懺悔錄》，鼓勵我們面對真實的自我。而在他的教育代表作《愛彌兒》（*Emile*）中，盧梭鼓吹了自然教育，強調早年的教育應該是配合兒童生長發展階段的消極教育（negative education）。「最早的教育應該純然是消極的，它包含的不是去教導真理或美德，而是要去防禦心靈得以抵禦邪惡和錯誤。」「我可以在此大膽陳述一個在所有教育中都最重要與最有用的規則嗎？那就是，不是爭取時間（gain time），卻是要去『失去』（to lose）時間……人生中最危險的一段時期就是出生到 12 歲的這段時間……如果兒童一下子就可以從襁褓跳到理性的年紀，那麼現在的教育就是合適的，然而若以**自然**的適當秩序而言，兒童需要的就是截然不同的教育。他們不需要運用心智的

教育，除非心智已具備了全部的官能。」（Rousseau, 1889: 57）

　　對於盧梭而言，兒童的教育必須注意到兒童發展的自然順序，教育者不要急於贏在起跑點上、躐等而升，而是要去「等待」，即便「失去」時間也在所不惜。某個角度來說，這種消極的教育，絕非毫無作為的「消極」，而是一種在等待中的「預備」；它也是一種「聆聽」，是一種對於「自然之聲」的回應與配合。

　　其實盧梭本人是有使用「自然之聲」（voice of nature）這個名詞的。在他的使用中，自然之聲代表的正是人的「本心」或「良心」（conscience）。「良心」代表的是人類的「自然的核心」（natural core）。對盧梭而言，人類的理想狀態當然是還未經過文明及社會汙染的原始自然狀態，然而因為人類必然會從野蠻狀態步入文明社會階段，所以我們也必然會脫離自然狀態而進入社會及道德的領域中。為此，我們更不能與自然疏離（alienated from nature），而是必須聆聽「自然之聲」，也就是我們的「良心」，即便它有時顯得微弱，但也不代表它已消逝或是完全失聲（Cooper, 1999: 5）。換言之，盧梭的「自然之聲」亦具有「內在」（內在於我們心靈的良心）的意涵。

　　在筆者的詮釋中，盧梭的「自然之聲」有兩層的意義，一是「遵循自然的發展順序來進行教育的工作」，另一則是「回歸自我本來的初心，依循良心而行」，它們共同的根本則在「返回自然」（back to nature），勿受外界不合理的人為羈絆所干擾。相較於奧古斯丁將「內在之聲」歸向了「上帝」，盧梭則是將「內在之聲」投射到了「自然」，而且這個「自然」不只與自然的規律有關，還涉及了他人（兒童）的發展。由於「自然」也是兒童身心發展運作的主要「邏輯」，故而對於「自然之聲」的聆聽其實關係到對於兒童的關注及理解。教育者因此不能再直接強加己意於學生的身上，而是必須更加密切觀察兒童的自然發展及需求，以求提供更適合兒童的教育。

四、聆聽他者之聲的薇依

20 世紀著名的法國女性哲學家薇依（Simone Weil）所提出的「關注」（attention）概念，近來成爲一些教育哲學學者關心的議題。基本上，「關注」可以說是薇依哲學的核心觀念，簡要地說，它意味的是「對於其他人眞實情況的開放」（openness to the reality of others）、「一種深刻的接納」（a deep receptivity）、「一種聆聽的態度」（an attitude of listening），以及「對他者的愛」（the love of others）（Yoda, 2017: 663）。

在「關注」中，很重要的動作便是「閱讀」（reading）與「聆聽」。「我們所稱的世界，正是我們所閱讀的意義。」（What we call the world are the meanings we read）（Weil, 1990：298）「閱讀」不是感官上的閱讀，也非「詮釋」（interpretation）。因爲詮釋是我們爲事物「加上」意義，但閱讀卻是我們接收（receive）意義（Yoda, 2017: 667）。薇依認爲，閱讀有其先決條件，我們必須先「識字」（literate），具備解讀的條件之後才能進行。假若我們要學習閱讀的更好，就不僅是要透過內在的努力，透過內省（introspection）來達成客觀中立（detachment），而也必須藉著外在的努力，也就是和其他人們與世界一起努力，方能達成（Yoda, 2017: 663）。

如果說「閱讀」是一種能力的話，「聆聽」便是一種態度、一種精神，聆聽的對象主要是某個人。「聆聽某個人，就是當他講話時，要將自己放到他的位置。當他的靈魂（精神，soul）受到苦難（affliction）的磨難或是接近苦難險境之時，我們將自己擺放在他的位置之上，這需要消滅（annihilate）我們自己。對一個快樂的孩子而言，這比自殺還難。」（Weil, 1977: 332）聆聽別人時需要全神貫注，需要倒空自己，更需要將自己放在他的處境之中，是一項十分艱難的工作，所以需要教育。對薇依而言，教育就應該培養聆聽身處苦難之中他人的能力。

薇依對於「關注」及「聆聽」主題的注重，也影響了後續的教育哲學學者。例如 Todd（2003）就論及了「關注性聆聽」（attentive listening）

的重要性，尤其是對於那些受到過往創傷所苦的人們（those suffering from traumas），Todd 甚至認為這樣的聆聽可以說是社會正義（social justice）與責任（responsibility）的條件。Todd 以為，無論是講述者或是聆聽者都需要「捨己」（self-renunciation），因為當他們面臨此一處境時，都得要改變原先的理解方式；這是一種「失去」（loss）的經驗。另位學者 Edgerton（2003）也呼應了薇依與 Todd 的觀點，她探索了「聆聽」與「受苦」（suffering）之間的關聯，尤其是考量到那些創傷的受害者時，她認為大部分的人都不希望去聽取另個人的創傷，她特別提到薇依「愛」和「自我謙遜」（self-effacement）的重要性，也特別推崇薇依關於「愛」和「正義」的主張在教育領域中「聆聽」的重要性。準此，Todd 與 Edgerton 其實都注意到真正的「關注性聆聽」中的困難之處，同時都突顯了教育在培養聆聽能力的重要性。

當代教育哲學領域中另位重量級學者 N. Noddings 特別將「聆聽」的概念用在她的「關懷倫理」（care ethics）與教育中的「關懷關係」（caring relation）上。基本上，Noddings 深受「關注」觀念的影響，雖她並不完全贊同薇依對於「關注」的解釋——例如：透過對於學校學習的關注可以轉移到對他人的關注，薇依所崇信的普遍的「愛」以及薇依思想中的宗教色彩等——Noddings 所倡導的是「關懷」（caring）關係模式，但關懷仍與關注有著密切的關係。她說：

> 對話（dialogue）是關懷模式中最基本的組成部分。真正的對話，其目的是開放性的（open-ended）。參與者起頭不知為何，也不知結果會如何。參與兩造都說話，也都聆聽……強調對話，也指向了關懷的基本現象學。一個關懷者必須關注或是全神貫注於（至少暫時地）被關懷者的身上，而在關懷時，被關懷者也必須接受關懷者所作的努力，這亦是一種關注的形式。（Noddings, 2002: 16）

在 Noddings 的看法裡，「關懷」成為一種教學模式，而且「對話」則是這種關懷教學中不可或缺乏一部分。教師成了關懷者，學生則成了被

關懷者，彼此之間相互對話和聆聽，相互敞開與接納。對於 Noddings 而言，聆聽不是單方面的，師生之間必須「彼此」聆聽及對話；它也不是封閉的，不應預設立場與目的。聆聽就是對話，對話就是聆聽，它正是一種關懷者對於被關懷者表達關懷的方式。

聆聽神靈之聲、聆聽上帝之聲、聆聽內在之聲、聆聽自然之聲與聆聽他人之聲，正是前述思想家和教育學者所提供給我們「聆聽」的例子，也是他（她）們所教會給我們的功課。要成為一個教育者，在學會「發聲」之前，也許應該要學會如何「聆聽」。這種聆聽不只是知識或信息方面的接受，也是生命的聆聽，是一種全心、全身投入的關注。而受教育者也必須了解到，如果他未如同教育者一樣進行聆聽的話，那兩者間關懷關係中的對話就會隨時中止，依存其上的教育關係也將無法延續下去。

肆　結語

「聽」或「聆聽」的教育，在一個鼓勵展現自我、表達自我的時代與社會中，常被視為是被動順從、消極無為的活動，因而容易受到貶抑和忽略。但是從前述的哲學家和教育家的例子來看，聆聽其實是一個重要的活動和過程——無論是在自我成長或是在教育的關係中。蘇格拉底透過聆聽，不僅進行了自我行為的反思，也進行了哲學的辯證，成就他成功進行對話教學的根基。奧古斯丁藉由聆聽，和自己內在的良心展開對話，讓他能更深入地挖掘自我的內在精神世界，更敢於面對真實的自我。盧梭透過聆聽，了解到教育有其自然的節奏，發現到教育應該要回歸到受教者的發展及需求之上，因而扭轉了教育的重心及趨向。而薇依則透過對於受苦之他人的聆聽，體現了教育關係中最重要的精神——「愛」與「關注」，為後來的關懷倫理教育思想奠立了重要的基礎。聆聽，正代表了一種開放，一種對於未來的自我及他人所投以的關注；它不只是一種接納的態度，更是一種願意重塑自我生命的勇氣。

面對著科技日新月異的發展，我們必須承認，藉由資訊科技所發展出的「瀏覽」（surfing），已然開始形塑我們接收訊息的能力，至於「全神

貫注」（absorption）的閱讀與聆聽，反倒在今日似已成爲一種稀有文化的生命物種。當代美國著名哲學家 M. Roth 對於博雅或通識教育（liberal education）的一些引人深思論述，筆者認爲其頗適合作爲本文的結尾。Roth 主張，博雅教育所產生的應該是一種心靈的轉換方式，讓我們可以聽到（to hear）不同生命形式——這些生命形成我們有機會主動參與——而當我們學習更密集地（intensively）閱讀、觀看或聆聽時，我們所學會的不只是揭發社會與文化中的「欺騙」，也會因爲我們從他人的觀點來看待事物，因而可以部分地克服自己的盲目（Roth, 2014: 187-188）。

　　「發聲」的教育容易使我們將自己定位爲一個規範上的「批判者」（critics）。當然，面對著社會的不公義、面對著受壓迫的情境，保持客觀中立的批判距離有其必要性。但教育的目的仍應重在自我的成長與發展，因此我們也需要將自己定義爲「探索者」（explorer），透過「聆聽」的學習，我們將會有更好的機會將我們自身的智識和生命與公共文化中更廣闊的思想和生命連結起來。也許某些思想學說或文化材料原先是被拒斥或忽略的，甚至讓我們感到「不舒服」或「驚嚇」。但這種「不舒服」也許正是教育不可或缺的要素，也是促使我們開放自己、追求成長的最大動力。

　　在這個「眾聲喧嘩」的年代中，我們常常急於加入「發聲」的行列，深怕自己受到忽略和壓抑。但面臨著各種多元的「聲音」，我們往往「充耳不聞」，有時則是對於某些特別大的聲音，卻又「言聽計從」。在這個時代中，也許我們該學習的是，靜下心來聆聽眞正的「聲音」，聆聽自己內在的聲音，聆聽自然和他人的需求之聲，學習更深刻的對話。這種聲音不是外在的「耳之聽」，而是眞正關注自己、他人和自然的「心之聽」，甚至達到虛懷若谷的「氣之聽」境界；也惟有透過這樣的聆聽，我們才能眞正重塑自己、重塑社會。

中文部分

姚建彬等譯（2007）。Jacoby, R.原著。不完美的圖像——反烏托邦時代的烏托邦思想。北京市：新星出版社。

趙繼詮等譯（1999）。Taylor, A. E.原著。蘇格拉底傳。北京市：商務印書館。

耿幼壯（2013）。傾聽——后形而上學時代的感知範式。北京市：北京大學出版社。

英文部分

Arendt, H. (2003). *Responsibility and Judgment.* (Ed. and with and introduction by J. Kohn). NY: Schocken Books.

Augustine, *Confession.*

Batchelor, D. (2006). Vulnerable Voices: An examination of the concept of vulnerability in relation to student voice. *Educational Philosophy and Theory. 38*(6), 787-800.

Cooper, L. D. (1999). *Rousseau, Nature, and the Problem of the Good Life.* University Park, Penn: Pennsylvania State University Press.

Edgerton, S. H. (2003). Learning to Listen and Listening to Learn: The Significance of Listening to Histories of Trauma. *Philosophy of Education Yearbook 2002*, 413-5.

Noddings, N. (2002). *Educating moral people: A caring alternative to character education.* New York: Teachers College Press.

Plato, *Apology.*

Plato, *Republic.*

Plato, *Symposium.*

Roth, M. S. (2014). *Beyond the University: Why Liberal Education Matters.* New

Haven: Yale University Press.

Rousseau, J.-J. (1889). *Emile*. Boston: D. C. Heath & Company.

Saliu, I. (2010). Daemonion, Daimonion and Socrates: Philosophy of the Inner Voice. http://www. saliu.com/philosophy/daemonion.

Stock, B. (2010). *Augustine's Inner Dialogue: The Philosophical Soliloquy in Late Antiquity*. Cambridge: Cambridge University Press.

Todd, S. (2003). Listening as Attending to the "Echo of the Otherwise": On Suffering, Justice, and Education. *Philosophy of Education Yearbook 2002*, 405-412.

Weil, S. (1990). Essay on the notion of reading. Translated by Rebecca Fine Rose and Timothy Tessin. *Philosophical Investigations*, *13*(4), 297-303.

Weil. S. (1977). "Human Personality." Collected in *The Simone Weil Reader*. Edited by George A. Panichas, 313-339. New York: David McKay.

Yoda, K. (2017). An Approach to Simone Weil's Philosophy of Education Through the Notion of Reading. *Studies in Philosophy and Education*, *36*(3), 663-682.

母愛是天性嗎？——母愛十問

方志華

臺北市立大學學習與媒材設計學系（含課程與教學碩士班）教授

前言

　　在家庭中親子之愛由於生活型態的關係，從懷孕到哺乳養育，一般而言母親與子女的成長互動密不可分。本文所談論的是由母愛衍生的母職行為、其內外影響與相關問題、母愛和子女的關係，再回過頭來看母愛和天性的關係，以及其在道德實踐上的意涵。

　　母愛自古即受到歌頌，她是生命成長的動力來源。母愛在生理學上有其基礎，那麼是否純然為本能的表現？當我們說母愛是天性時，我們強調的是什麼？母愛在我們人生和文化中扮演什麼角色？發生什麼影響力？我們可以再從什麼樣的觀點來看待母愛？以下運用十問重新審視母愛的意涵。

貳　母愛十問

一、母愛在文化中如何受到歌頌？

　　說到母愛，我們會想起的事蹟和歌詠形式不可勝數。許多偉人的伯樂正是其母親，像孟子、愛迪生、愛因斯坦等。歌頌母愛的藝術品，像達文西的〈聖殤〉，耶穌被聖母抱在懷中，顯得不再龐大卻又如此沉痛。感恩母愛的詩歌，如唐朝孟郊的〈慈母吟〉：「慈母手中線，遊子身上衣，臨行密密縫，意恐遲遲歸；誰言寸草心，報得三春暉。」另一位唐朝大詩人白居易的〈慈烏夜啼〉：「慈烏失其母，啞啞吐哀音。晝夜不飛去，經年守故林。夜夜夜半啼，聞者為沾襟。聲中如告訴，未盡反哺心。百鳥豈無母？爾獨哀怨深。應是母慈重，使爾悲不任。」政大名譽教授黃炳煌譜了一首民謠曲風的〈初為人母〉[1]，閩南語歌詞如下：「你的出世，就是天予我的、尚大的恩典。是男是女，嬌（美）無嬌（美），你都是我的寶貝。望你早日緊大漢，行你愛行的路。你會當（能夠）健康擱（又）幸福，就

1　參見「黃炳煌的音樂生命」，網址https://sites.google.com/site/binghuang100/

是尚好的報答。」簡單數語，道盡天下為人母（也是為人父）心中最深刻的期盼。

這些歌詠，情感是深切的，包含了無盡的包容、付出、不求回報，引發的是感恩、回饋、孝親之心。

二、母愛如是自然的天性，為何還要歌頌它？

從生理學來看，母性行為（maternal behavior）是「一種本能行為，主要表現在築巢、哺乳及撫育等分娩前後的一系列對幼崽子的關愛和保護行為。」（高艷華等，2005）

洪蘭在〈母愛的實驗〉（2007）一文中提及一個母愛實驗：小時候常被母鼠舔的小鼠會對催產素比較敏感，長大後也會是好母親；出生六天的小鼠，大腦中的催產素會因母親的舔撫而增加，而催產素會影響其未來的性行為和社交行為。此外，雌激素雖會增加催產素，但只有小時候受到舔撫的小鼠才會增加催產素。另一實驗是以藥物控制催產素的母鼠，對其子女會不聞不問，沒有母性行為（洪蘭，2007：32）。這些實驗可看出，母性母愛不但有生理基礎，而幼兒的成長，也要依靠幼兒時期有實際得到類似母愛的撫育經驗，才能竟其功。

歷史文化學家艾斯勒（Riane Eisler）在談到愛的演化時指出：「母愛更是許多哺乳類及鳥類物種間的一股令人不可思議的力量。母親會冒險甚至捨命保護幼兒；比如說，長頸鹿媽媽會在獅子向前攻擊長頸鹿寶寶時，用前腳踢開獅子。貓媽媽也會在必要時跳入水中拯救貓寶寶。在一個知名的史卡莉（Scarlett）案件中，小巷裡的一隻母貓不顧致命大火的灼燒，闖入一幢失火的大樓，直到救出它一窩四週大的小貓。」（Eisler 著、方志華譯，2006）野生動物中，也可見到剛生產的雌性哺乳動物，會對其他小動物伸出援手，從危險的雄性身旁救出，加以呵護，發揮其母性的本能；例如：母獅從公獅身旁救出一隻小狐狸。有次筆者在動物節目看到母鱷從公鱷身旁救出剛出生的小鱷，非常驚險。（沒有想到「冷血」動物的母性也如此堅強，過去受到文字表面意義的誤導，還以為冷血動物是不認子女的。）

Eisler《明日的孩子》第三章中又引用《變成人類》（*Becoming Human*）一書坦能（Nancy Tanner）所提，很可能發明並使用了一些最早工具的是女性——「如投石器、揹負幼兒的工具、裝盛植物的籃子，可能連用來挖取塊莖及球根的工具也是。這些器具的發明，很可能會回過頭來影響我們的演進。『採集工具意味著母親可以為小孩蒐集到更多食物，以便在小孩獨立之前持續支持他們』——較長的依賴期是我們人類顯著的特徵之一。這種機制讓孩子有更長的時間來學習『社會及技能的傳承』。這在人類演化中是個重大發展，也使我們能發展出文化，由文化發揮形塑行為的任務，這是與其他物種迥然不同之處。」

不可否認的是，生理作用是母性發揮母愛重要的基礎。來自生理基礎作用的現象，一如母愛連動物都有，那麼我們是應該贊同像白居易那樣，跨越人和禽獸的界線，去歌頌慈烏之「母慈重」，抑或是應該謹守科學的界線，連同人類的母性母愛都認知其為生理的「自然」結果，無須頌揚？畢竟那是內分泌和激素的化學作用。在生物的母性和文化的母愛之間，我們要切割出來、特別頌揚的——到底是什麼？

三、母愛或母性行為為子女帶來什麼重要成長因素？

人類最早的依附關係，從懷孕和出生後的哺育開始。眾所周知的哈洛（Harry F. Harlow, 1905-1981）「愛的本質」恆河猴依附研究，小猴面對有奶的奶瓶和絨布假偶，除了喝奶以外，都是選擇依附在絨布假偶上；此外，沒有良好依附關係的小母猴，長大後也不會好好照顧幼子。這是從外在行為研究的因果關係。

從神經認知科學來看，由於腦部鏡像神經元的發現（洪蘭譯，2009），我們可以認出別人的行為目的和情緒，使得同理心具有發展的意義。席格（Danial Siegel）在《第七感》（*Mindsight*）一書中指出：「在我們人生發展過程中，我們最先看到的內心就是照顧者的內在狀態。我們發出咿咿啊啊的聲音，她就微笑；我們大笑，她的臉就亮起來。所以我們最初就是看到映照在別人身上的自己而開始認識自己。……我們跟別人的共鳴，事實上可能還比我們對自己的認知更早出現。不論從發展或演化角

度來看，現代人類的自我認知迴路，或許其基礎就是自古以來讓我們立足在社群世界的共鳴迴路。」（李淑珺譯，2010：100）

席格也指出照顧者溫柔關愛對神經發展的重要：「從發展的角度來看，如果我們在照顧者身上看到的行為模式是直率明確的，我們就能安心描繪出行為流程，知道接下來會發生什麼事，並將溫柔關愛的意圖嵌入我們的神經啟動模式中，在我們內心創造出一個焦點清晰的第七感鏡頭。相反的，如果我們的父母很令人困惑，很難解讀，我們自己的流程迴路就可能描繪出扭曲的地點。所以從出生之時，第七感的基本迴路就可能建立在堅實的基礎上，也可能建立在搖晃不安的狀態上。」（2010：98）

從席格的研究更確定了養育者的照顧，在我們幼小時期發展同理心的認知與神經反應迴路上，扮演重要的角色。

四、孩子因母愛問題而受傷，如何受到描述？

日本精神科醫師岡田尊司在《母親這種病》（張婷婷譯，2014）一書中，提出現代的母親和子女的關係，「本來應該是最堅固的情感牽繫，現在卻變得脆弱且不穩定。」（p.10）他指出母親病大多是依附關係的問題，包括有不穩定型的母親、只愛自己型的母親、太認真型的母親等，「然而，在父母親不反省自己、愛自己，又不成熟的情況下，這個過程就會變得不太順利。不是依然故我地把孩子當作自己的一部分繼續支配，就是為了支撐不安穩的自我，繼續把孩子牽扯進去，孩子要是不依他的意思，就不理不睬，繼續否定他。」（p.224）

孫隆基的《殺母的文化──20世紀美國大眾心態史》是一份包羅萬象的文化符號學研究，主要是美國電影和小說文化的觀察和剖析。整體而言，他提出「戰後美國的新女性也追趕上美國男性的『分離與個體化』模式，視殺父殺母為反抗權威、個體擺脫小輩地位、在心理形勢上和上一代扳回平手的心理手續。」（2009：235）尤其是20世紀戰後到1980年代以前的大眾文化的各種文本中，對於心理人格需要成長的過程中，個體化與分離的問題，常指向是和母親關係的糾葛不清有關，而弒母成為當時小

說文本中的一種象徵意涵（孫隆基，2009）。

《時時刻刻》（*The Hours*，2002 年首映）這部電影敘述美國三個不同年代中產階級婦女，雖是知識分子，卻困於社會氛圍和處境，各有其須面對的內在和命運。第一位是女性主義的先驅伍爾夫（Virginia Woolf）雖深得先生愛護，然在種種不自由的桎梏和精神病痛下自殺以終。第二位婦女蘿拉讀了第一位婦女即伍爾夫的書《達洛威夫人》，感受到自己困守在只能服侍先生、照顧孩子的家庭主婦身分中動彈不得，因而出走；她的孩子瑞奇一直對於母親不告而別，有無法釋懷的傷痛，成年後瑞奇寫詩並遇到劇中第三位女同志克拉麗莎，克拉照顧瑞奇而又對人生虛無充滿掩飾，瑞奇最後在對人生無望和愛滋病折磨下自殺。

許多對於童年或孩童成長的研究，對象雖是未成長的兒童，然而那影響兒童成長的正負面因素，都與身為傳統照顧者——母親的處境有密切關聯。馬斯洛（A. Maslow）曾提出人性的五個需求層次理論，包括：生理需求、安全感、愛與歸屬感、受尊重感、自我實現等需求，通常傳統母親負起了這五個需求中兒時是否能滿足的重任。

當母親本身也在心理受傷狀態，或在現實中無法照顧到孩子真實的需求，孩子就無法從母親身上得到養分，甚至會潛在更大的、無法言喻的傷害。愛麗絲・米勒（Alice Miller, 1923-2010）在《幸福童年的祕密》（袁海嬰譯，2014）、《覺醒的夏娃：擁抱童年、找回真實自我》（林硯芬譯，2014）、《身體不說謊》（林硯芬譯，2015）等書中，提出我們的童年需身邊有一個人，能完全意識到自己的存在，並給予認真的對待（袁海嬰譯，2014：40）。相反地，以打罵或恐懼為主的「黑色教育」會破壞一個人成長的自由意志和自發情感，這時如有「知情見證者」能陪伴和傾聽，童年的創傷才有療癒的可能。我們可以想見傳統上母親可能是黑色教育的來源或幫兇，也可能是「知情見證者」的重要角色。

五、付出母愛的婦女之受傷，如何受到描述？

母愛的付出者往往也是守護家園的家庭主婦。《時時刻刻》這部電影就在敘述美國中產階級婦女，困於家庭子女照顧中那種無形的桎梏，無法向人言說，當婦女決定離家出走時，又無形影響到下一代子女成長的歷程。

正如女性主義者伍爾夫對於維多利亞時代「屋中天使」的批判（Noddings, 1989）：女性應柔順從夫而相夫教子的形象，曾經讓較為先進的婦女不敢進入婚姻。最有名的例子之一，是創辦兒童之屋的教育家瑪麗亞·蒙特梭利（Maria Montessori, 1870-1952），她選擇了未婚生子，保護了她的教育事業和親子關係。

此外，諾丁斯曾用一個希臘神話來象徵母愛力量的強大和精神狀態（1984/1989）。希臘神話中大地女神希瑞絲（Ceres）的愛女被閻王劫持到地府去，她傷心難過，沒有心思去創造和護持大地的萬物生長，結果大地開始乾裂、植物無法生長，一片死寂。閻王見狀只好讓她的女兒每年回人間一次，希瑞絲見到女兒才又能恢復大地生機，於是春天降臨，女兒回到地府時，冬天來臨。一般是以此神話來比喻四季興替，然而諾丁斯更強調以母親與子女關係的親密，來感受這個故事的力道。

六、因母愛而衍生的母職思考有何特質內涵？

美國學者莎拉·魯迪克（Sara Ruddick）因為自己的兒子要被國家徵召去當兵，萬般不捨，反思寫下《母職思考》（*maternal thinking*）（1995）一書。不論是國家如何光榮的任務，畢竟戰場凶險，身為母親把孩子拉拔大的辛勞，是一種「關懷的勞務」，[2] 也是用盡心力智慧在社會與物質環境中，打造孩子的生活與精神環境，站在母親的立場，因珍惜生命而反戰是義無反顧的。

莎拉·魯迪克指出，傳統的母親在家中會希望讓自己的孩子獲得最好

---

[2] Ruddick引自Nancy Hartsock（1943-2015），她運用馬克思思想，認為母職思考來自母職求生存的經驗，有其特殊的物質基礎和受壓迫的經驗。

照顧，包括街頭巷尾鄰居、菜市場的聊天這些互動的過程，看似八卦、無生產力，然而卻是讓婦女獲得照顧子女與家庭的資訊來源。無論如何，母職是耗費「心」與「力」的活動，是時時刻刻都在進行的活動。

莎拉‧魯迪克提出三種傳統母親會在母職實踐中不斷用心於子女的需求，包括：保護的愛（preservative love）以滿足孩子「受保護」的需求；教養（nurturance）以滿足孩子「成長」的需求；培育訓練（training）以滿足孩子「能讓社會接受」的需求（Ruddick, 1995）。

莎拉‧魯迪克也對德國藝術家柯勒惠茲（Käthe Kollwitz, 1867-1945）的立場深感共鳴，柯勒惠茲的銅雕「母親之塔」（Tower of Mothers）呈現母親們在外用血肉之軀將子女團團圍住在內，那脆弱又堅定的身軀，讓我們看到不畏強敵、挺身護子決心之強大。她認為母親們所要維護的是積極的和平，絕不是軟弱無力的消極和平，因為：「母親是育孕生命的起源，對生命有所承諾，而戰爭是製造死亡；母親是保護面臨危險的孩子，而戰爭是讓母親們保護的孩子們面臨危險。」（Ruddick, 1995: 148；李淑娟，2009：71）因為母愛護持的是一個一個生命的成長，母親會是站在最前線的和平主義者。

七、母愛和人生的成功有何關聯？

以下摘錄家族系統排列創始者海寧格（Bert Hellinger）在《成功的人生》一書中，提到母親和我們命運的關聯：「在我們的生命中最首要也最關鍵的成功，就是出生。如果我們必須透過自己的努力擠出產道迎向陽光，不受外界的干預，這是最重要且具支持性的成功。」（2011: 2）「出生之後，下一個具決定性且成功的關鍵，是朝向母親的移動。」「要接受母親宛如是我們生命的泉源，一切事物都源自於她；我們接受自己的存在，那表示我們也接受我們的母親；也因此，我們才能接受我們的生命是完整的。」「這樣的接受是主動性的。我們必須努力吸吮才喝得到奶水；為了讓母親出現，我們必須哭喊；在她給予奶水時，我們必須表現出喜悅。透過她的餵養，我們日漸成長、豐盛。」（2011: 3）

如果在早期有過朝向母親時受阻的經驗，這種「干擾早期朝向母親的移動，對日後的人生和成功將造成嚴重的後果。」「通常別人主動來找他們時，他們又很難忍受這種過程親密的關係……」（2011: 6）因爲這樣的人會如此想：「與其用愛及敬重朝向別人和自己，不如轉身離開。」「逃離，成爲我們在人際關係上，內在與外顯的基本動作。」（2011: 9）海寧格的療癒之道，是在其家族系統排列中，重新經驗走向母親、擁抱母親的心理歷程，讓生命回到最初的完整。

海寧格從人類行動內在精神的源頭，說明生育、哺乳、養育我們的母親，在我們生命中的重要影響。這樣的呈現深具啓發性，是從靈魂深處的發言，讓筆者無法置一詞，只能直接摘錄，並靜靜咀嚼其意。

八、母愛和人格成長與療癒有何關聯？

筆者曾以諾丁斯（Nel Noddings）將美感接納與道德關懷接納之同源爲起始點（Noddings, 1984），嘗試組成類似藝術治療的關懷系列繪畫社群，邀請由心靈繪畫郭淑玲（2011）老師帶領教師社群，參與經過一期又一期的繪畫分享，在社群活動第四年 2012 年「療癒之道」一期中，郭老師設計「視覺化人格建構」，以建築空間對應艾瑞克森社會心理人格成長的八個階段（Erikson, 1968），並以平面繪畫線條形式，畫出並分享每階段自我認同的內在狀態（方志華、郭淑玲，2017）。

其中第一個階段是自己與母親的關係，德性人格的成長課程是「信任」如下：

階段	建築元素	視覺化元素	生命狀態與特質	德性人格力量來源	德性人格成長課題
1	底線	水平線	依靠、安定、靜默守候	母親的力量	信任 vs. 不信任

在社群分享過程中，可以感受到母親的力量對每位參與者的影響深遠，每個人對於水平線或底線的詮釋又是天差地別，唯一不變的是——它是安定、承載的力量來源。

前文的岡田尊司也提到孩子和父母修復關係的方向：「比較幸運的狀況是，孩子反抗雙親，在互相衝撞中說出真心話而慢慢修復，重新培養親子關係。父母也認可孩子本人的心情，從單方面支配的關係，漸漸轉移至大人和大人的對等關係。」（2014：224）由母愛到親密的母子關係，既是成長的力量來源，也是自我修鍊與療癒的場域。

九、母愛可以算是道德實踐嗎？

其實本文一開始就先預設了一個陷阱式的思考，就是一開始就將天性（nature）和自然本能（instinct）等同起來，又將自然本能與道德實踐二分開來。如此才會有「母愛如是自然的天性，為何還要歌頌它？」這樣的提問。

如果我們承認自利的生物本能和同理利他同為人性的本質天性，都是人性表現的一部分，那麼母愛表現即可以作為同理利他的某種極致狀態看待，即是道德實踐。

然而這裡還是隱藏著一個問題，母愛如果源自只有女性生理因素而來的表現，那麼母親以外的人是否都不能理解進而發揮母親的人性功能？事實上，在神經認知科學的研究中，發現靈長類動物有鏡像神經元（洪蘭譯，2009），天生有感同身受因而模仿的特質，這讓同理心得到了生理學的基礎。而前額葉的大腦具備理性反思判斷的功能，也讓人的同理心活動可以得到既有生理依據又有文化發展潛力，加上了催產素的生理因素，母愛成為最具備保護同理與照養子女的行動力來源。

諾丁斯將人性關懷分析為自然的關懷和道德的關懷（Noddings, 2002），其中自然的關懷即是生理基礎上的關懷；而道德關懷則是在此基礎上願意排除困難、以之為優先抉擇與承諾而有的關懷實踐（方志華，2004）。

當嬰兒出生時，在母親的呵護和親密的互動中，蘊育了嬰兒在此生理基礎上開啟被關懷、關懷自己、進而關懷別人的社會性基礎（方志華，2010：19）。也就是母愛的道德實踐，同時讓孩子在生理上獲得成長，也

成就人類演化過程中最重要的同理心基礎。於是諾丁斯提出了道德有兩個重要途徑（Noddings, 2010），一個是過去男性道德哲學家提出來的，完成人人皆可行使自我權益、關乎全社會安定秩序的正義倫理，另一個是女性一直在母職中的實踐──發揮同感關懷之心、促進人己身心人格健全發展的關懷倫理。

當代新儒家唐君毅在《人生之體驗》（1982）中提出母親象徵「現實」的原理，父親象徵「理想」的原理，且二者皆是人之性。唐君毅在《道德自我之建立》（1983）中，提出父母之愛既是人間之「大私」，也是人間之「大公」，其及於子女不必及於他人，是私，然而卻也可以做到完全無私奉獻而無怨尤，故此為人父母者之大私也是大公的實踐。就此而言，孝道是源於人性中認出父母無私而興之感恩之情不容己之回報。

母愛是一種護持生命的道德實踐。因之，希臘神話大地之母希瑞絲失去愛女的故事，呈現出失去子女讓母親內在生命的生機不再，而出現無心創造的生命狀態。然而諾丁斯是要強調，母愛是一種道德實踐，必須有不斷護持的力道，當失去子女時就讓大地死寂是不道德的，不能因一己情緒而讓他人受傷。

諾丁斯將母愛視為道德實踐的人性來源，母愛促成了人性中道德的根基穩固，母愛本身就是道德實踐的範本與見證。諾丁斯在1984年《關懷》一書中首先提出關懷是道德之基，關係是人存在之基。歸納言之，人是在進入關懷關係中彰顯人性自由之用時，確立人性的本性（方志華，2004：78）。

2010年諾丁斯出版一本很特別的書，名為《母性因素：道德二途》，她以演化的觀點，提出母親對子女的關懷是道德增進的來源。這同時指向母親和其子女，即比較能讀懂並及時回應其嬰兒需要的母親，能讓孩兒存活下來的機率會更高；而其子女成長過程中，因受到關愛而學會利他情感與關懷行動的同理心也較好。此二者的良性循環，造就了人類社會有利他道德的氛圍和人類社會的存活與延續。母愛實踐，成就了人類道德化社會的基礎。

十、母愛與天性的關係，在學習上有何意義？

總結上述各項母愛的影響，最主要是集中在母愛的對象是子女，而其關係是教養的關係；在這樣的關係中，會影響到付出母愛的，包括其性別關係、經濟關係，以及整體文化理念。

蘭西‧雀朵洛（Nancy J. Chodorow）即提出母職是一種社會再製，她從心理分析和性別社會學的觀點指出，性別分工和性別不平等是分不開的，應讓男女兩性共同分擔基本的親職工作，如此女性人格不會膠著於個體性問題，孩子不會對母性的全能心生恐懼，男性不必將女性相關的事務視爲次等，連結與認同可以重新成就每個人的自主性（張君玫譯，2003；Chodorow, 1999）。此因母職的學習應擴大到所有人，而母職在社會中的結構位置，也要重新定義。

瑞安‧艾斯樂（Riane Eisler）則進一步提出了四個基礎關係議題，作爲檢視一個社會中夥伴關係是否成立的重要指標，其所言的夥伴之核心關係，即是夫妻關係的實踐，這正是性別關係的一種。母愛所衍生的母職實踐正是其教養關係的核心需求，這四個夥伴基礎關係議題，也可以用來提示上述種種母愛出現的問題的結構，包括：(1) 教養關係（特指孩子與成人的關係）；(2) 性別關係；(3) 經濟關係；(4) 傳統信念體系（檢視一個社會文化中的神話、傳說與信念，是否傳達夥伴和尊重的關係）（Eisler, 2002: 212-224）。在此用關係圖來表示之：

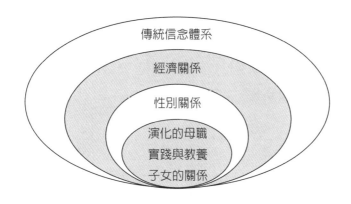

海寧格將迎向母親與成功之道加以連結，心靈繪畫中母親作為地平線的象徵，二者都指向關懷倫理所提的，接納自己、愛自己和愛自己的源頭。而愛麗絲‧米勒所提的在知情見證者陪伴下，去敘說過去受到黑色教育之殘害的心靈傷害，也是重回到自己的幼年源頭去清理當時遺留至今的傷害（方志華等譯，2008），讓自己相信自己的值得被愛，而這是每個人在生命最初時，母愛無條件給予的。歌頌母愛是出於感恩之心，母愛延伸出來的道德實踐是「愛是永不止息」的最佳示現。

　　18世紀盧梭（J-J Rousseau, 1712-1778）是大教育思想家，大家對他的《愛彌兒》內容與主張都推崇倍至，然而對他筆下描繪蘇菲亞的女子教育，以柔順服從為主，卻是不敢恭維，尤其女性主義者更大加撻伐。然而諾丁斯卻從人性角度，重新詮釋盧梭所言（Noddings, 1998）。她認為盧梭其實是提出了所有人都希望被對待的內在嚮往——即能在生活中被人關懷地照顧和被放在心上，而這正也是母親對待子女的方式。

　　本文無法窮盡所有對母愛的描述、影響力和特質，以及對天性的所有論辯與討論，僅想對一個視為理所當然的人性內涵加以呈現分析：當母愛是道德實踐，又是人性的天性時，已隱涵證成了另一個人的天性——創造性的學習。茲列一個可引發討論的公式如下：

$$母愛 = 人的天性 = 道德實踐 = 創造性的學習$$

　　正因人有學習的天性，所以母愛雖起於母子關係，出於母親，然而所有人都可以學習之以實踐之，如諾丁斯（Noddings, 1998）所分析二百多年前盧梭寄託於蘇菲亞教育的心願——人都需要被關愛——所以人人都可以從接受或實踐母愛中學習恰到好處的關愛、學習道德實踐。這或許是歌頌母愛的另一個重要涵義。

中文部分

方志華（2004）。關懷倫理學與教育，臺北：洪葉。

方志華（2010）。道德情感與關懷教學。臺北：學富。

方志華譯（2006）。Eisler, Riane著（2000）。明日的孩子——21世紀夥伴關係教育藍圖。臺北：洪葉。

方志華、高永恩、李淑娟、林青蓉、劉玉玲、蔣昭儀譯，王靜娟校訂（2008）。Trobe, Krishnanda M.D. & Trobe, Amana著。擁抱你的內在小孩。愛的工坊／自由文化出版社。

方志華、郭淑玲（2017）。心靈繪畫：教師美育社群的實踐敘說，收於李崗主編，教育美學：靈性觀點的藝術與教學，第二章，頁23-61。臺北：五南。

李淑娟（2009）。莎拉‧魯迪克「母職思考」及其教育蘊義。臺北市立教育大學教育學系碩士班碩士論文，未出版。

李淑珺譯（2010）。丹尼爾‧席格（Danial Siegel）著。第七感：自我蛻變的新科學。臺北：時報。

林硯芬譯（2014）。米勒（Alice Miller）著（2001）。覺醒的夏娃：擁抱童年、找回真實自我。臺北：心靈工坊。

林硯芬譯（2015）。米勒（Alice Miller）著（2004）。身體不說謊。臺北：心靈工坊。

洪蘭（2007）。知書達理——講理就好 3，臺北：遠流。

洪蘭譯（2009）。Iacoboni, M.著。天生愛學樣：發現鏡像神經元。臺北：遠流。

唐君毅（1982）。人生之體驗。臺北：臺灣學生書局。

唐君毅（1983）。道德自我之建立。臺北：臺灣學生書局。

孫隆基（2009）。殺母的文化：20世紀美國大眾心態史。臺北：臺大出版中心。

袁海嬰譯（2014）。米勒（Alice Miller）著（1995）。幸福童年的祕密。臺北：心靈工坊。

高艷華、王顯鋼、賈秀月、樂海艷、趙曉蓮、張頤群、孫雪（2005）。母性行為的激素機制，中國行為醫學科學，**14**(11)，1051-1052。

張君玫譯（2003）。蘭西‧崔朵洛（Nancy J. Chodorow）著（1978/1999二版）。母職的再生產——心理分析與性別社會學。臺北：群學。

張婷婷譯（2014）。岡田尊司著（2012）。母親這種病。臺北：時報出版。

郭淑玲（2011）。創作之心——點與線的謳歌。臺北：洪葉。

英文部分

Chodorow, N. J. (1999). *The reproduction of mothering: psychoanalysis and the sociology of gender* (2nd ed.). Berkeley, CA: University of California Press.

Eisler, Riane (2002). *The power of partnership: Seven relationships that will change your life.* Novato, CA: New world library.

Erikson, Erik H. (1968). *Identity: youth and crisis.* NY: W.W. Norton & Company, Inc.

Noddings, Nel (1984). *Caring-a feminine approach to ethics & moral education.* Berkeley: University of California Press.

Noddings, Nel (1989). *Women and evil.* Berkeley: University of California Press.

Noddings, Nel (2002). *Educating moral people-A caring alternative to character education.* New York: Teachers College Press.

Noddings, Nel (1998). *Philosophy of education.* Oxford: Westview Press.

Noddings, Nel (2010). *The maternal factor: Two paths to morality.* Berkeley: University of California Press.

Ruddick, S. (1995). *Maternal thinking: Towards a politics of peace.* Boston: Beacon Press.

7

Honneth的肯認理論及其在學校中的運用原則

張鍠焜

臺北市立大學教育學系副教授

現代學校組織中的制式化關係與關懷的導入

　　學校是教育體系的一環。教育體系如同現代社會的其他體系是以細密的理性規則來管理、調節人們的行動和相關資源，使人群間的行動井然有序，不致混亂衝突。教育體系容納大量的受教學生和教育人員，運用龐大的物質資源，傳遞複雜的知識內容，因而形成繁複的規則（法律、行政規章、日常規約等）來推動整個體系的有序及有效運作。基於這樣的總體化型態，現代教育的基本型態是集體取向的運作方式。將學生區分成大大小小的群組（如年級群、班級），以進行集體的教學。這是面對大量學生，爲便於教育體制有效運作所必須採取的型態。但是，這樣的教育實踐顯然不是理想的教育型態。

　　在現代的學校組織，教師與學生的行動受管理規則體系所制約，互動方式也受團體規範限制，評估學生成就的價值標準也同樣受到限制。教師受到組織責任的制約常只能關心學生的學習成效，成績是否符合標準、行爲是否合乎規約，而無法眞正看到學生的獨特性與價值。這樣的學校運作方式並不能讓人們滿意。人們對於學校的想像並不只是一個執行教育職務的科層機構，學校不應只是依規則行事的理性組織，教育的場所應該也是一個充滿情意的所在。傳統社會的教育景象仍透過傳說留存在現代人的印象中。傳統教育沒有規制嚴整的校舍、豐厚完備的設備，也沒有繁複細密的規則，只有最單純的教師、學生間互動交流，其間是如同家人角色的關係，教師是「師父」，學生是「弟子」，同學是「師兄、師弟」。人們想像傳統教育是在準家庭式的關係下進行，迥異於現代學校的制式組織性質。因此，人們會主張學校應該建立更深厚的情感環境，教師與學生應該有更深厚的情意關係，才能有完備的教育情境。

　　鑒於當前學校情境使師生互動趨於制式化，學生無法在這樣的環境下被眞正看見，開展其獨特性，又由於人們仍記憶著傳統師生間的深厚情意關係，因而某些教育學者主張重新發展看待學生的方式，如援用 Martin Buber（1878-1965）所主張的「我—你」（I-thou）關係（1958），或 Nel Noddings（1929-　）的「關懷」（caring）關係（1984），以鼓勵教師改變

對待學生的方式，促成師生的眞誠互動交流，使教師眞正看見學生的獨特品質，從而協助其發展。哲學家 Buber 指出：我們對待世界的原基態度是「我—你」和「我—它」。「我—你」」和「我—它」分別形成不同的存有狀態，也導向對事物的不同了解（或者說是把事物展現爲全然相異型態）。「我—它」的「我」把事物當作客體或對象，這種觀看方式是分析、建構、抽象和律則化。「我—你」之「我」則擺脫上述主客分離，不再視他者爲客體或對象，而以「專一」的方式，向對方（你）全然開放，對方的全般性質瞬時統體地湧向我，我當下直接無間地認取了對方的眞面目。「我—你」關係是溫暖、親愛、友善、關懷的關係（張鍠焜，2000，24-25）。Buber 的「我—你」態度是整全而如實地觀照對方，含有關懷和尊敬的心，成全對方需要，肯定對方的獨特性和價值。現代學校組織的既有架構容易使教師以「我—它」的方式來對待學生。而「我—你」態度或關係正是矯正當前有缺陷師生關係的良方。類似地，現代教育學家 Noddings 主張「關懷」倫理，並以之應用於教師與學生關係。她強調教師應以「關懷」方式來對待學生，亦即以關心、傾聽、接納、了解、肯定等積極關懷方式來與學生互動，與學生形成「關懷」關係。在這樣的關係中，學生感受到老師不只是一個教育職責的執行人員，而是關心、接納、肯定我的長輩或朋友，因此獲得支持與鼓舞的力量。

綜而觀之，在教育中實踐 Bubber 和 Noddings 的關係哲學的確足以爲現代學校的理性化、制式化的人際型態，注入活化的情意力量，增進對學生的教育作用。從 Abraham H. Maslow（1908-1970）的心理基本需求（the basic needs）理論（Maslow, 1987）來看，「我—你」關係或「關懷」關係都有助於滿足學生的「歸屬與愛的需求」（the belongingness and love needs）、「尊榮的需求」（the esteem needs），也較能發掘與支持學生的獨特能力發展，而協助達成「自我實現的需求」（the need for self-actualization）。這些基本需要的滿足，除了來自個人自己的感受外，更來自於他人的支持。「歸屬與愛的需求」是指與他人的情感關係、歸屬於家庭或某一群體的需求，包含給予別人的愛及接受別人的愛。「尊榮的需求」是指每個人都需要確認自己是有價值而可敬的，因此包含確認自己優點、

成就、能力、自信的對內需求，以及對於名聲、讚賞、他人肯定的對外需求。綜合內外兩方面而言，就是指人們需要「來自他人的當之無愧的尊敬」（deserved respect from others）。「自我實現的需求」是指人對於自我特性展現與能力充分完成的需求，包含自我獨特能力的發現、確認和充分發揮，以及期望這種獨特能力對社會有貢獻並獲得肯定。這些基本需求必須得到他人支持才能獲得滿足，而不能只訴諸個人獨白式的自我肯定。「我—你」關係或「關懷」關係正是籲求教師對學生的正向對待和積極支持，給予學生關愛、肯定、尊重，並助成其發展，因此能促成個人基本需要的滿足。所以這樣的關係較之現代學校組織中法理式的權利義務關係，更有益於學生的成長。

然而，「我—你」或「關懷」關係僅止於人際真誠互動。但學生除了需要人際的關懷與肯定外，其實也需要社會性的肯定。社會學家 G. H. Mead（1863-1931）即指出個人人格的健全成長，除了需要長輩和友伴等親密關係者的支持和肯定外，也需要感受到社會集體的肯定。如果缺乏這些肯定，個人將會感到疏離、失去自信或感到自己沒有價值，而傷害個人的自我認同。

Mead 指出個人「自我」認同深受「他人」的影響，因為「自我」是從社會互動產生的；每個人所擁有的自我，永遠是在互動夥伴身上所認識的自我。「自我」的形成與發展有賴於他人的承認與肯定。所謂他人包括「重要他人」（significant other）和「概括的他人」（generalized other）（Mead, 1962）。重要他人是與個人有密切關係的他人，他們深刻參與了個人生命經歷，對個人的成長有重要影響。父母、師長是最顯著的重要他人，他們會影響個人的行為方式、價值觀和自我認同。尤其，父母、師長的關愛與肯定會支持個人對自己的信心，使其感到自己是有價值的人，形成健全的自我認同。

另一方面，「概括的他人」則是想像的、籠統的、彷彿代表社會群體的他人，在我們的內心中，經常會有一群想像的「人們」在規範我們的行為和決定。當我們做一件事時，會思量「這樣做會不會被人家說話」、「做這樣的事會不會被大家看不起」，或者我們會聽朋友鼓勵說「你的表

現一定會得到人們的讚許」。這些口語中的「人家」、「大家」、「人們」，就是我們心中隱含的「概括的他人」，他們代表著我們隱約認定的社會整體對某些事的一般態度或共同價值觀。我們總是會在意這些「人家」、「大家」、「人們」對自己的行為是肯定或否定，是讚許或貶抑，從而影響自己的行為。「概括的他人」也深刻影響個人的「自我」認同，如果我認為自己是被「人們」肯定的一個人，就會有正向的自我認同；如果認為自己是被「人們」否定的，就會有負面的自我認同。所以，「概括的他人」也如同「重要他人」般深切影響個人的行為、價值觀和自我認同。

「重要他人」和「概括的他人」都是個人自我認同的關鍵支柱。而「關懷」關係是關懷者積極參與受關懷者的生活，形成密切的連結，因而發揮「重要他人」的作用，助成個人健全成長。然而「關懷」關係只能讓受關懷者感到一個與自己有密切關係的人支持與肯定自己：他關心我，為我著想，所以願意認真看待我的表現，並且欣賞、鼓勵我的表現。但對受關懷者而言，這是某一個有特別關係的人的肯定，並不代表自己的表現也會被「大家」、「人們」肯定。所以在學校或班級中，除了「關懷」之外，如果也能提供學生一種社會性的支持因素，將更有益於助成學生自我認同的健全發展。

班級和學校一方面是一種師生的親近團體，學生與教師在這裡長期而密切地共同生活，形成密切的互動交流。這裡是學生在家庭之外的另一個親近關係團體。另一方面，班級和學校也是一種準社會的公共組織。它以大型組織的模式，強調理性、集體性，而降低私人情感與個別性；依據共同規則來管理學生；依據共同價值標準來評定學生的成就。班級和學校是一種具體而微的社會，也是學生最早體會「概括的他人」影響的場所之一，學生可以在此預備邁向未來大社會的生活。學校生活可以說是學生從家庭過渡到公共社會的生活歷程。學生的成長需要關懷，也需要社會肯定，班級和學校正足以從不同層面提供學生這兩方面的需要，而教師正是一個特殊的角色。如果調和得宜，既可以成為與學生有密切關係的關懷者，發揮「重要他人」的作用；也可以是社會「概括的他人」的代表，給予學生社會性的肯定。所以，在學校與班級中，除了注重「我—你」或

「關懷」關係之外，我們也應該發展一種具有「社會肯定」作用的力量，以協助學生健全成長。

在當代理論中，特別關注「他人」對個人自我認同的關鍵影響，從而同時重視「關懷」與「社會肯定」兩方面的學說，可以見諸德國社會理論學家 Axel Honneth（1949-）的「肯認」（recognition）理論。Honneth 的原本目標是找出人類的某種基本社會需要，這種需要是每個人健全生活與發展的先決條件，而一個良善的社會應該要能滿足人們這種需要。Honneth 認為這一基本需要就是得到他人的「肯認」，人們都需要從他人的肯認以確定自己的重要性、尊嚴和價值，這是自我認同（self-identity）的先決條件；而自我認同則是個人健全生活與發展的基礎。Honneth 在其「肯認」理論中主張人需要三種肯認：(1) 愛的肯認：即情感關懷層面的支持和接納；經由他人的愛，個人感到被在乎、被關注，而確認自己的重要性。(2) 法律的肯認：即個人權利得到法制與社會的承認，而具有法律上的平等地位與資格；個人因享有平等權利而感到獲得與他人同等的尊嚴。(3) 社會對個人價值的肯認：即對個人之社會貢獻與社會價值的肯定；個人經由自己特質與能力被肯認，而確認自己的價值（Honneth, 1995a）。這三種肯認涵蓋了人際層面的愛與關懷，以及社會層面的權利與個人價值發展機會的平等。Honneth 強調個人自我認同的形成是以這三項肯認經驗為前提，當個人能感受到這三種肯認，才能對自己有信心，感受到自己在人群中的價值，而發展健全的自我。Honneth 並將「肯認」視為一種人與人之間的道德，或社會倫理，從而規範人們應當承認、尊重他人的法律權利、經濟與社會權利、文化與價值選擇的權利。

Honneth 的「肯認」理論涵蓋了親近的人際關懷和社會性肯定兩方面，正足以為班級與學校如何給予學生支持力量提供適切的理論基礎。以下首先將扼要闡述 Honneth 的「肯認」理論，確認三種肯認之重要性。進而析論班級與學校應如何提供學生適宜的肯認，以助成學生的健全生活與成長。

貳、Honneth的「肯認」理論

Honneth 是德國社會學家，目前為法蘭克福大學社會研究所的所長，也是 Jürgen Habermas（1929-）的學生，被視為法蘭克福學派第三代的代表人物。Honneth 致力於延續與開展批判理論的精神，探究現代社會的不正義狀況，並提出可能的方案，以協助社會改良發展。關於社會改良方案的提出，Honneth 採取了與 Habermas 不同的途徑。Habermas 的社會改良方案是一套「理想的溝通」的程序原則，他並未提出任何社會改良的具體方針或標準，而是提倡由社會大眾透過合理的溝通論辯程序，逐步形成共識，以決定共同的政策。Honneth 則是採「規範」社會學的取向，嘗試為社會改良提出一套規範，也就是指出要達到理想社會必須符合哪些規範或標準。因此，Honneth 致力探討當前社會的關鍵問題，並試圖指出什麼是現代人最應該實踐之行動的原則與綱領。

Honneth 認為現代社會最重大的問題是異質團體間的矛盾與衝突造成「破碎化的社會」。在破碎的社會中，不同群體與文化屬性的人之間通常無法相互理解與接納，而每個人周遭往往會有很多相異者，因此不免會經常承受被忽視、誤解或排斥的狀況，造成個人的疏離感。Honneth 認為在這樣的社會中，「肯認」是個人最迫切需要的對待方式，而人與人的相互肯認也是當前破碎化社會重新接合的關鍵。

Honneth 關於現代破碎社會中「肯認」課題的研究，首先呈現於《社會世界的分裂》（*Die zerrissene Welt des Sozialen*）一書（Honneth, 1995b），他探討了自 György Lukács（1885-1971）以來許多重要社會學家、哲學家關於現代社會異質化、破碎化問題的研究，從而提出「肯認」理論作為解決社會破碎化問題的方案。1992 年 Honneth 的《爭取肯認》（*The struggle for recognition*），對其「肯認」理論做了完整闡述。Honneth 依據 G. W. H. Hegel（1770-1831）早期關於肯認的理論提出了「肯認」的三個層面：愛的肯認、法律肯認與社會對個人價值的肯認。愛的肯認是情感關懷層面的支持和接納；權利的肯認是法律上平等地位與資格的確定；個人價值的肯認則是對個人之社會貢獻與社會價值的肯定。

Honneth 認爲個人的自我關係（relation-to-self）[1] 必須以這三項肯認經驗爲前提。當個人能感受到這三種承認，才能對自己有信心，在「沒有內在障礙、心理壓抑和恐懼」的狀態下開展自我（Honneth, 1995a, 174）。

　　爲了符合當前的後形上學思維方式，Honneth 對這三種肯認的論述，極力納入經驗性理論。他指出：Hegel 首先提出人的自我必須以社會互動與他人的肯認爲條件，但 Hegel 對此觀點的論證是形上學式的。Honneth 發現 Mead 的社會性自我論正是 Hegel 肯認理論的現代版本，因爲 Mead 是以現代人所能接受的經驗性的社會心理學爲基礎來進行論證，藉助大量經驗性資料來闡明個人「自我」與社會及他人肯認的關係。所以《爭取肯認》一書中引入 Mead 的理論與 Hegel 學說相接合，利用兩者的觀點，進而建立 Honneth 自己的肯認理論基礎架構。

一、愛的肯認

　　關於三種肯認關係的理論，Honneth 同樣援引了當代重要的經驗性理論。在愛的肯認關係上，他藉由 D. W. Winnicott（1896-1971）對兒童與母親關係的精神分析研究來探究人對愛的需要。依 Winnicott 的理論，兒童在生命的最初時期是與母親無分別的共存（symbiosis）階段，嬰兒把母親當成自己的一部分，對母親絕對依賴（absolute dependence），需要母親的「擁抱」來給予關愛（Honneth, 1995a, 98-99）。後來母親逐漸脫離這母嬰共存關係，嬰兒也逐漸發展而開始意識到母親是與自己有別的存在，也意識到自己對母親的依賴，這時候嬰兒進入「相對依賴」（relative dependence）的階段，雖然不再視母親爲自己的部分，但仍依戀著母親。Honneth 認爲這裡所描述的母子關係正是 Hegel 所說「在他人之中成爲自我」（being oneself in another），這是人類愛的基本模式（Honneth, 1995a, 100）。隨著嬰兒身心發展，他愈來愈感受到與母親的分離，但

---

[1] 這裡的自我「關係」可以理解爲個人對自我的認知與態度。健康的自我關係包括：自信（self-confidence）、自敬（self-respect）、自重（self-esteem）（Axel Honneth, *The struggle for recognition*, p.129）。

對母親的依戀仍持續存在。Winnicott 認為兒童必須信賴母親會持續關懷自己，才能對自己的獨立有信心，而發展出獨立存在的能力（Honneth, 1995a, 103）。Honneth 對此進一步闡釋，指出一個人之所以能形成確定感，是由於他相信：他人之所以會持續滿足他的需要，是因為他對他人有獨特的價值（Honneth, 1995a, 104）。愛是他人對「我」的承認、接納與肯定。有了這樣的支持，個人才能形成獨立的自我，進而在自我獨立及與他人交融兩方面形成平衡關係。Honneth 根據 Winnicott 理論，闡明愛的肯認是自我發展的必要條件，並且，對「愛的肯認」的需求是根植於人類生命的原初經驗，永遠不可磨滅，因此是人之生存的必要條件，從而，一個正義社會必須努力維護個人這一基本權利。

二、法律肯認

　　Honneth 承續 Hegel 和 Mead 的看法，認為人們所爭取的第二種肯認是法律肯認。法律肯認的內容則是個人享有的權利。當一個人在法律上被賦予和其他人同等的權利，即意味著他得到法律對他的承認與尊重，這是現代社會生活的基本需要。Honneth 嘗試以合乎經驗的概念分析（empirical supported conceptual analysis）（Honneth, 1995a, 110）探討權利概念的演變，以證成現代人對法律承認與平等權利的要求。

　　Honneth 指出在傳統社會中，每個人的權利是不相等的，不同階層地位的人享有不同的社會尊榮（social esteem），並得到不同大小的權利。亦即，每個人是按其地位等級而得到相應程度的尊榮與權利（Honneth, 1995a, 100, 111）。在傳統社會中，社會尊榮和權利是重合的，這兩者構成個人所得到的尊敬（respect）。Rudolph von Ihering（1818-1892）首先對尊敬概念加以分析，他指出應當區分社會尊敬的兩種類型：法律肯認（legal recognition）和社會重視（social regard）。前者是將每個人同樣視為「自為目的」的主體，而給予同等承認；後者是依社會價值標準認定個人的價值。Ihering 對「尊敬」的分析，一方面將社會尊榮與個人的階層地位脫勾，一方面將尊重劃分為人的法律地位與社會價值兩個面向，這也

分別是 Honneth 所探討的第二、三項肯認。Honneth 對這兩者的分別進一步指出：人之所以能得到法律肯認是因其具有人之所以為人的普遍特性；而人之所以能得到社會重視是因其具有有別於他人的獨特性（Honneth, 1995a, 113）。

關於法律肯認方面，Honneth 進一步提出以下問題：如果法律肯認不再依據個人的地位等級，而是依據人的普遍特性，那麼究竟是何種特性使社會去賦予個人法律承認呢？Honneth 認為現代社會是以法律秩序來維繫，而法律秩序的維持與發展，有賴個體遵守法律與參與社會，這就要求社會成員具有道德的負責能力（moral accountability）（Honneth, 1995a, 114）；正是這一能力使人有資格得到法律肯認（尊敬）。而法律肯認的具體表現就是賦予人們權利。權利一方面使社會成員有尊榮感，一方面給予充分的支持，使社會成員有更充分的力量能自主地擔負社會的責任。Honneth 引用公法學者 Gerog Jellinek（1851-1911）對地位與權利的區分，以及英國社會家 T. H. Marshall 關於權利概念演進的分析，指出現代的權利是從最初的保衛個人自由的民權（civil right），進展到確保政治參與的政治權（political rights），再擴展到確保基本福利的社會權（social rights）。這三種權利來自社會發展過程中社會成員的需要，權利是由下層的爭取而擴張的（Honneth, 1995a, 115-116）。Honneth 指出這三項權利是社會成員自主參與社會的條件，當個人具有免於干涉的自由，有參與公共意志形成的機會，並擁有一定的社會、經濟、文化生活水準，他才有足夠的自主空間參與社會。Marshall 認為當代權利的發展是朝向「普遍平等原則」（a general principle of equality）。Honneth 進一步指出，法律肯認的發展有兩個層面，一是法人地位內容（權利）的擴增，一是法人地位由少數人擴大到多數人享有（Honneth, 1995a, 118）。Honneth 認為法律肯認會使一個人感到他的行動就是他的自主性的表現，並且這表現是得到普遍尊重的。對現代人來說，權利象徵著社會尊重，擁有與他人同等的權利，代表自己受到社會的同等尊重，自己因此也將肯定自己，形成自我尊敬（self-respect）。據此，法律肯認或平等權利是現代人自我認同的必要條件。所以 Honneth 主張現代社會應當建立平等肯認的原則，賦予社會各成

員同等的法律肯認與權利，不論其族群、文化或其他屬性條件。這些權利包括基本人權、政治參與權與社會權。

三、個人所具社會價值的肯認

　　現代社會中，個人的價值或個人在社會被重視與肯定的程度，不再依據他所屬團體的等級，而是依據他所具有的能力、特性，以及這些能力、特性對社會目標的貢獻程度。個人的能力與特性愈符合社會需要，或他的成就對社會的貢獻愈大，就愈得到社會的重視。所以社會的目標是評價個人價值的基準。然而，所謂「社會目標」其實是相當不明確的。Honneth 認為社會目標必須經過進一步的解釋才能形成較具體的價值標準。但是在當前的多元異質社會中，不同團體往往對社會目標有不同的解釋，每個團體都會特別重視、強調「與其特有生活方式相關的能力」之價值。他認為在多元社會的文化競爭下，每個團體都極力爭取公眾對其文化特性的關注，以提升這些特性的社會價值，從而提升其成員的社會地位（Honneth, 1995a, 127）。這樣的競爭正是人們爭取肯認的表現。Honneth 指出，現代社會的一項特徵是人們（不論個人或群體）致力於使自己的特性、能力與成就得到社會的肯認。個人追求自我實現（在生活歷程中開展自己的獨特性質，充分發揮自己的能力），而自我實現必須得到社會肯認，也就是被其他社會成員認定自己的特性和能力是「有價值的」。有了這樣的受到社會尊重的經驗，個人才能肯定自己，形成「自我尊敬」的自我觀。Honneth 主張社會應當發展「團結」（solidarity）的倫理，所謂團結是指社會「各主體能互相對等尊重，從而互相同情各自不同的生活方式。」也就是人們能互相「關注他人的個體性和特殊性」，並予以承認和接納，如此，各社會成員才能合作實現社會目標（Honneth, 1995a, 128）。

　　Honneth 進一步主張，我們應該將對他人的「肯認」視為一種互為主體的倫理（intersubjective ethics）。他指出人在與他人互動的狀況下是脆弱的，因為人須藉助他人的承認、認可或肯定回應，才能建立與維持正向的自我關係（positive self-relation）。遭受「不尊敬」的待遇則會斷喪自

我認同：持續的「暴力、權利剝奪、輕侮」會打擊個人的自我信心，破壞個人的自我認同（Honneth, 1995a, 129）。因此，否定或拒絕肯認是一種惡行（misdeed）。[2]假如我們認為道德的基本原則是不傷害他人，則我們應當避免因拒絕肯認或不尊敬的行為而傷害他人，因為這種傷害可能會造成一種根本性的傷害——貶抑他人的自我，斲喪他人的自我認同。Honneth認為這是一種「道德傷害」（moral injuries）。而社會制度或措施如果會造成一些對人的不肯認或不尊敬，就是不道德的體制。

綜合 Honneth 的肯認理論，他認為得到肯認是個人自我認同的前提，每個人都需要情感支持、法律權利受尊重、個人特性受重視，才能形成自信、自尊、自重的自我意識。因此，相互承認應當成為現代社會成員之間的基本倫理，人與人之間應避免一切「暴力、權利剝奪與輕侮」，而正向接納與承認不同屬性的他人，才能促成社會的發展。後續，Honneth 即以「肯認」為核心，開展其政治社會理論，希望本著「肯認」這種人類的基本需要，作為各種社會制度與措施的出發點，讓人人感受到「肯認」的支持，而避免「不尊敬」（暴力、權利剝奪、輕侮）的傷害。

參　學校與教室裡的肯認

綜觀 Honneth 所揭示的三種肯認，「愛的肯認」類似於對人的「關懷」，關懷者以關心與愛去注視、肯定和欣賞受關懷者，讓受關懷者感到自己是重要的、有價值的。關懷包含有肯認的成分，但是傾向於私人關係的肯定，而非社會性的肯認。「法律肯認」與「個人社會價值的肯認」則可統合視為「尊敬」——法律肯認乃承認與尊敬個人是與所有人平等、具有完整的為人的條件、有同等尊嚴的主體；對個人社會價值的肯認是表示

2　Charles Taylor有同樣的看法：「不肯認或拒絕肯認是會造成傷害，會是一種壓迫，將人禁錮於一種錯誤的、扭曲的、貶抑的存在方式。」「拒絕肯認不只是缺乏應有的尊重，它還會造成痛苦的傷痛，使受害者承受極具傷害性的自我厭惡。應有的承認不只是我們對人應盡的禮儀行為，也是人所不可或缺的需求。」（Taylor, 1994, 25-26）

尊敬個人的獨特性與對社會的貢獻。三種肯認也大致符應於 Maslow 所說的「歸屬與愛的需要」、「尊榮的需要」和「自我實現的需要」。

　　Honneth 依據 Mead 的自我理論，強調「肯認」必須展現於社會層次。以社會學分類，家庭或較親密關係團體也是一種「社會」，但是屬於較小範圍的社會。個人除了身處在前述的小社會中，也同時生存在大社會中，所以並不能只滿足於親密關係團體的肯認，還須感受到大社會的肯定。也就是說，人們所期待的肯認既要來自於親近者團體，也要來自於社會。愛的肯認只能得之於親近者的直接互動關係；法律肯認與對個人之社會價值的肯認則須訴諸公共制度。所以 Honneth 主張在全社會層次應當建構讓人們可以享有「法律肯認」與「個人社會價值的肯認」之制度，使人們可以在社會體制中享有真實具體的「尊敬」，以確認自我的價值和意義。或者，消極地說，我們的社會制度不應當讓某些人感到不被肯認——預先否定其享有平等的法律地位和權利，或否認其獨特能力的價值。因為制度上的不肯認就是社會對個人的道德傷害。

　　學校與班級既有親近團體的性質，也有公共社會的性質。因而有機會可以發揮親近團體的「愛的肯認」，和公共社會中的「法律肯認」與「個人社會價值的肯認」。學校與班級宜透過適當途徑以發展 Honneth 所指出的三種肯認。

一、愛的肯認

　　依 Honneth 主張，愛的肯認是自我認同的必要條件。愛是他人對自我的承認、接納與肯定，有了這樣的支持，個人才能形成獨立的自我。「愛的肯認」正如前文所述的「關懷」或「我—你」關係。教育領域應鼓勵教師以「關懷」方式對待學生，使學生感受到「老師」這一重要他人的關心、看重、肯定、支持，在私人關係層次獲得他人的肯認。當然，現有的學校體制並不利於「愛的肯認」或「關懷」的展現，因為集體性、規則化、科層化、工具理性取向仍是學校的主要運作邏輯，這些都不利於愛與關懷的展現。儘管如此，教師仍應盡可能多關心學生，與其親切互動，增加對話

和傾聽，對其能力表達肯定與鼓勵。這些愛與關懷的舉動其實也是教育的作為，因為各種理論告訴我們，個人的健全成長發展除了需要知識和能力之外，也需要「肯認」。缺乏「肯認」，教育是不會成功的。

二、平等權利的肯認

Honneth 指出法律肯認是公共制度層面的肯認，它的形式是一視同仁，將每個人視為平等的個體，而賦予同等的權利。權利象徵著社會尊重，擁有與他人同等的權利代表自己受到社會的同等尊重，自己因此也將肯定自己，形成自尊之心。在學校與班級中，應當建立與維持一個平等權利的體制，賦予學生應有的權利，使學生由此體會到自己是被社會體制所尊重，並具有與其他人一樣的尊嚴。目前我國教育非常注重「兒童權利」。《教育基本法》規定須尊重「學生之學習權、受教育權、身體自主權及人格發展權」，進而在各種學生輔導法規上規定教師管教禁止體罰、權利剝奪、輕侮等。從 Honneth 的理論來看，這些規定的意義不只是對管教方法的限制，而是一種積極的教育行動。賦予學生權利，是肯定他們為有尊嚴的主體，引導他們發展健全的自我認同，這是重要教育作為。

這種平等權利肯認的關鍵在於當教師作為體制代表面對學生時，須表現出「公正」和「尊敬」的態度。教師對學生的待遇、評價、獎勵和處罰等都應保持公正，避免讓學生感到不公平對待而有遭受否定之感。學校不宜以特定條件而給予學生差別待遇，例如：給予成績優秀學生某些特權。教師也不宜對優秀學生較為寬待，給予較輕處罰，或給予較多獎勵；對成績落後學生則較為嚴格。或許教師有因材施教的考量，但這種舉措常會使學生感到不公平，受較嚴格待遇者可能會有相對貶抑感。再者，學校人員與教師應對學生保持「尊敬」的態度 —— 尊敬學生是具有獨立人格的有尊嚴主體。尊敬的態度將有助於學生形成積極的自我認同，促成健全的自我發展。

三、對學生個人價值的肯認

　　在學校與班級中應有適當機制以促進學生之間的相互肯定。Honneth指出每個人都期待自己的獨特能力與特質獲得社會肯認，也就是被其他社會成員認定自己的特性和能力是「有價值的」。有了這樣的受到社會尊重的經驗，個人才能形成自我肯定的認同。因此為促成學生正向自我的發展，應當使學生在學校與班級中即能享有被肯定和欣賞的經驗。在當前的教育領域中，已嘗試採行許多制度或措施，讓學生的各種能力都有表現空間並得到讚賞。例如：學校對優秀學生的獎勵，除智育獎項外，也有美育、群育、體育等獎項，對不同能力之價值提供制度性的肯認。然而，許多學生並未認真看待這樣的多元肯定措施，他們大多還是看重智育獎項，而覺得其他獎項只是聊備一格，如同安慰獎一般。所以教育領域應更加致力於引導學生養成多元價值的觀念，教導他們注意不同的能力和特質，讓同學之間能互相肯定和欣賞，從而在此群體肯定中，各自建立適當的自我認同。

　　Honneth的三種肯認可以歸結為「愛」和「敬」兩大要素。每個人都需要「愛」和「敬」的支持與肯定：愛是在親近關係中得到的關懷與肯定；敬是在社會層面中獲得尊重和價值肯定。學校與班級的特殊屬性可以同時提供學生親近關係的「愛」，和社會層面的「敬」。因此，在既有學校組織的制式化架構下，教育人員應當積極以「關係」形式多給予愛和關懷，並以「制度」的途徑來給予學生肯定和尊重。

中文部分

張鍠焜（2000）。為他倫理學與教育。臺北：師大書苑。

英文部分

Buber, Martin. (1958). *I and thou* (trans. by R. G. Smith). New York: Charles Scribner's Sons.

Honneth, Axel (1995a). *The struggle for recognition* (trans. by Joel Anderson). Cambridge, MA: The MIT Press.

Honneth, Axel (1995b). *The Fragmented World of the Social: Essays in Social and Political Philosophy* (ed. by Charles W. Wright). New York: State University of New York Press.

Maslow, A. W. (1987). *Motivation and personality, 3rd edition*. Boston: Addison Wesley.

Mead, G. H. (1962). *Mind, self, and society*. Chicago: The University of Chicago Press.

Noddings, Nel (1984). *Caring: A feminine approach to ethics and moral education*. Berkeley, CA: University of California Press.

Taylor, Charles. (1994). The politics of recognition. Amy Gutmann ed. *Multiculturalism: Examining the Politics of Recognition* (pp.25-73). Princeton, NJ.: Princeton University Press.

解構是教育文化的危機或轉機？敲開解構六顆「胡桃殼」

洪如玉
國立嘉義大學教育學系教授

前言

「解構」或「解構主義」似乎為當代思潮中引發最多爭議也最令人困惑的概念或思路，解構主義的創始者──Jacques Derrida──也曾被學界嚴厲批判：他的作品只不過是「精緻的玩笑和雙關語……他滑稽的表現導致世人以為當代法國哲學不過只是個笑話。」（Smith et al, May 9, 1992）更苛刻的批評是指責 Derrida 對「理性、真理、學術價值」的批判都只是一種「語焉不詳」（semi-intelligible）的攻擊，談不上學術（Smith et al., May 9, 1992）。Derrida 的解構哲學的學術價值被質疑至此，而其道德觀點更被批判為相對主義、虛無主義（Feldman, 1998; Rose, 1984）或個人至上悲觀主義（libertarian pessimist）（Eagleton, 1991; Hoy, 1994）。美國當代文評家 M. H. Abrams（1977）批評 Derrida 的文本變成幽靈般沒有意義的符號或符號鍊。然而，「解構」真的是這樣一無可取的概念嗎？解構思想真的導致道德淪喪、公義不彰嗎？然而，「解構」究竟是什麼？解構思想對於教育有什麼樣的助益？因此，本文試圖探討解構的意義，並由解構概念的理解進一步探討此概念對於教育文化的啟示。

 「解構」的源起

解構似乎是當代思潮中最熱門但也最令人困惑的語彙，解構究竟是什麼？我們可能要回到解構思想創始者 Jacques Derrida，看看他究竟說了、寫了什麼，不過，當讀者看了以下所列的 Derrida 之敘述，可能不會有太清楚的理解（洪如玉、陳惠青，2016；洪如玉，2016）：

> 解構是什麼？其實，什麼都不是。（Derrida, 1991, p.275）
>
> 解構無所可失因為它不可能。（Derrida, 1991, p.272）
>
> 解構既非分析又非批判……或方法。解構也不是方法，也不能轉為方法……我們一定要清楚，解構甚至不是一個行動或

操作。（Derrida, 1991, p.273）

　　解構並不是一套定理、公設、工具、規則、技術、方法……那些都不是解構，解構沒有特定目標。（Derrida, 1996, p.128）

　　「解構」，我通常喜歡用複數，無疑絕不是一個計策、方法或系統，尤其不是個哲學系統。（Derrida, 1995, p.356）

這個「解構不是……」可以一直寫下去，但是這似乎只讓讀者更爲迷惑而不是更清楚，然而，讓我們暫且先擱置習以爲常的閱讀方式——尋找定義。要掌握「解構」必須回到 Derrida 的作品進行整體性的理解，概略而言，解構是 Derrida 閱讀西方哲學時所發展的觀看方式，如他所述，他對西方哲學家的閱讀並不在於控制、重複或保存那些文化遺產：

　　而是想去分析他們的思想如何作用或如何不作用，去發現他們作品其中的張力、矛盾與異質性。（Derrida & Caputo, 1997, p.9；洪如玉，2016，頁184-185）

換句話說，Derrida 並不是否定前人的哲學著作，而是要仔細閱讀，否則，如何挖掘其作品隱藏的張力、矛盾或異質性呢？從 Derrida 諸多著作來看，他所閱讀、探討與分析的哲學家非常多，從希臘哲學家 Plato、Aristotle 等到當代 Rousseau、Husserl、Marx、Saussure、Levi-Strauss 等。Derrida 對他們的閱讀，就是運用解構去分析西方傳統哲學並發現其中的張力、矛盾與異質性，Derrida 透過對前述思想家作品的重新解讀，指出西方思想始終受到「邏各思中心主義」（logocentrism）控制，邏各思中心主義意味著相信有先於語言之外的終極眞理，該存在可依其自身邏輯運作，並從而支配著社會與自然之發展過程。此終極眞理被稱爲存在、本質、本源、眞理、實在、上帝或邏各思（陸揚，2000）邏各思中心主義產生「暴力的階層」——一種具有高低階層的二元對立，高者在價值或邏輯上支配著低者（Derrida, 1981a），這種具有高低階層的二元對立主宰著思想傳統，例如理性／非理性、文明／野蠻、男性／女性、白人／有色

人種，在各種二元對立中，Derrida 最關注的為語音／書寫（或言說／文字）的對立，這也關聯著 Derrida 思想的另一個核心概念：語音中心主義（phonocentrism）。所謂「語音中心主義」就是把聲音視為比書寫更重要、更為優越的看法。《論書寫學》（*Of Grammatology*）[1] 與其他作品正是藉由探討 Plato、Rousseau、Saussure、Levi-Strauss 等哲學家思想中所蘊含的語音中心主義，來揭示西方思想傳統中的邏各思中心主義，並予以解構。邏各思中心主義與語音中心主義的關係，簡言之就是：

> 聲音或言說意味著說話主體的顯現或身在，因此言說可直接傳達思想，言說是有生命的「出現」或「在場」（presence）、言說是第一級的「能指」（signifier），能指意味著用以指涉特定涵義的語言記號，可以是聲音、形象或書寫符號，而被指涉的概念或事物則是「所指」（signified）；相較之下，書寫是次級的能指，因為書寫是記錄言說或話語的一種模仿再現，書寫是間接的、無生命的「缺席」（absence）。（洪如玉，2016，頁177）

Derrida 解構操作可以從下例獲得更多的理解，Derrida（1981b）在〈柏拉圖之藥〉（Plato's Pharmacy）討論「藥」（pharmakon）這個語詞。在 Plato 的〈費得若篇〉（Phaedrus）中，Plato 描寫埃及書寫之神 Teuth 將「書寫」當作一帖良藥獻給國王 Thamus，但卻碰了一鼻子灰。國王表示書寫只是一種提醒，而不能醫治記憶本身。Derrida 藉文字或書寫說明「藥」與「毒」是一體兩面，這呼應了「藥」在希臘字源 pharmakon（φάρμακον）（Liddell & Scott, 2016）的雙重涵義：「藥」同時是治病的藥也是致命的毒藥。〈費得若篇〉中的書寫文字作為「藥」與「毒」的雙重涵義被 Derrida 用來揭示西方哲學傳統的語音中心主義，也就是把語音視為高於

---

[1] 中文學界中亦有將本書譯為《論文字學》，然而，「文字」一辭在英文word可涵括語音文字（spoken word）與書寫文字（written word），Derrida的著作Of Grammatology意味著關於gramme的logie，也就是關於書寫文字的科學，若翻譯為《論文字學》，可能會產生誤導。

書寫的觀點。Thamus 拒絕文字因為書寫文字只是記錄或再現思想語言的工具或媒介，換言之，書寫是毒藥而非解藥，因此被西方思想傳統所壓抑（Hung, 2018）。

Derrida 認為上例就是語音中心主義的霸權，解構思想就是要揭示語音中心主義的霸權，並顛覆語音對書寫的壓制，重新論證書寫的地位——此為《論書寫學》的重要目的。在該書中 Derrida 對於 Rousseau 與 Levi-Strauss 特別感興趣，Derrida 引用 Levi-Strauss 在《憂鬱的熱帶》一書中，記述 Levi-Strauss 在南美觀察 Nambikwara 部落的故事，Nambikwara 並無書寫文字，但是在適當時機，Nambikwara 族長仍能顯示出對於書寫在政治功能、文化意義及其本體論面向的理解，這是 Derrida 所謂的「原書寫」（arche-writing）。

「原書寫」意指差異運動，無論是口說語言或書寫語言都不斷在時空中產生差異化，Saussure 自己也指出「任意性」（arbitrariness）與「差異」（difference）是語言的特徵，但正因為語言具有任意性與差異性，消除了書寫語言與口說語言的截然二分，a 是 a(/e/)^2 或「ㄟ」是任意、約定俗成的，Saussure（1959）指出一個字發音來自於歷史，而非來自於拼法，每個字的發音與拼法來自於長期的累積，這是我們所謂的約定俗成。然而，書寫文字不也是如此嗎？為什麼書寫符號就被視為次於口說符號呢？Derrida 批判傳統語音中心主義，他說：

> 書寫既非言說的「意象」，亦非其「記號」，它既外在且內在於言說，言說本身就已經是一種書寫。甚至早於任何切口、刻痕、繪畫、字母，在與任何能指（通常指書寫符號）連結起來之前，書寫符號概念就已經包含著人為制定化的痕跡，而這正是所有意義系統的共同可能性。（Derrida, 2016, p.50）

Derrida 認為語言或口說語言、書寫的意義應該予以重新思考並修正，口說語言、語言、書寫這些概念本來就不可區分，並不存在原初語言，

2　注音符號ㄟ也可以念/e/。

因此也不存在後續的音符來表述原初語言，也不存在更後續的字符來表達語音。意義與符號是在生命的動態過程中不斷變化、差異化中產生與演變，這種過程本身就是書寫——原書寫。聲音並不等於語言，只有當聲音成為口說語言、得以溝通表達時才是符號，書寫亦然。然而，聲音與視覺符號之所以成為符號在於它們產生差異（difference），這就是 Derrida（2016, p.57）為何主張「差異是語言值的根源」，並且，這也是 Derrida 在 Saussure 思想中所發現的：「語言能指……（在本質上）完全無聲，而且無形，它並非由物質實體所構成，而是由差異所構成，差異使其聲音意象與其他意象區分開來……（p.164）」（cited from Derrida, 2016, p.57）。由此可見，「差異」是解構的要素，而後 Derrida 創造「延異」（différance）一字來表述符號意義不斷的時空差異化，「延異」指符號意義在時間、空間中的不斷差異化、延伸、變動、分歧，而且意義分化變化到後來又超越原先符號的指涉，跨越口語符號和書寫符號的作用。例如：「機車」一詞原本指涉交通工具，但是卻在某些脈絡與場合卻變成了批評詞彙；seafood 在英文為海鮮，但是在國內變成了「師父」，符號的意義不僅跨越視覺與聽覺範疇，也跨越不同文化語系。Derrida 對於語音中心主義的解構，也是對邏各思中心主義解構最重要的步驟，Derrida 解構語音中心主義的語音／書寫的二元對立並消解其高低階層，也解構傳統形上學的出現／再現（presence/representation）的二元階層。

上述探討停留於抽象思考的層次——符號學的形上學分析，對於教育研究者或教育現場工作者而言，似乎難以與教育產生連結，為了讓解構概念對教育的啟示更為明晰，吾人或可從實踐面向來了解解構的操作與意義。1994 年 10 月 2 日 Derrida 參加一場在美國賓州 Villanova 大學所舉行的圓桌論壇，主題為解構，該論壇產生一本重要著作名為《*Deconstruction In a Nutshell: A Conversation with Jacques Derrida*》（Derrida & Caputo, 1997），該書中有六個概念（或六顆「胡桃」）[3] 作為掌握解構蘊義的六個標題，可作為吾人了解解構意義的參考（Derrida & Caputo, 1997），這

3　英文in a nutshell意味著「簡言之」、「長話短說」，而nutshell字面意指核果殼。

六個概念如下：享有哲學權利（the right to philosophy）；希臘之愛（the love of the Greeks）；無社群之社群（a community without community）；正義（justice）；救世（the messianic）；肯認（affirmation）。以下本文以 Caputo 所提的六個關於解構的詮釋——亦即解構的六顆胡桃，作為了解「解構」概念及思考教育與道德的軸線。

重新檢視「解構」概念：從六顆解構胡桃談起

第一顆胡桃：享有哲學權利（the right to philosophy）

解構常被認為是反對體制、傳統、系統、理論等，因此許多人批評 Derrida 的說法之一即是解構摧毀哲學，但是這可能是對 Derrida 本人及其解構思想的誤解，解構思想並不反對哲學或制度，而是反對思想派別或體制的獨斷與專斷；解構就是哲學，也是哲學機制，因此 Derrida 主張非制式的學校，以非制式、跨領域的方式思考哲學；任何議題都可以帶入思考探究。

Derrida 本身也體現此種哲學權利的精神，他曾參與不同的政治或社會運動，也參與教育報告、參與哲學教育社群如 1975 年的 GREPH（Le Groupe de Recherche sur l'Enseignement Philosophique; The Research Group on the Teaching of Philosophy），也曾參與創建非主流學校如 1983 年成立的 Collège international de philosophie（Ciph）。Derrida 認為，這些是解構，也是哲學，哲學必須脫離限制與束縛，這是一種「新啟蒙」（New Enlightenment）的概念，也就是不斷質疑舊有的能力（Derrida, 2004），Derrida（2004, p.153）曾說：「『思考』同時需要理性原則以及超越理性原則的東西，亦即秩序與無序（arche and an-archy）。」，arche 意指一種初始、基礎與原則，而 an-archy 是將理性的階層產物於再製時的破壞。

Derrida 認為我們應該不斷重新反思教育目的、教育機構的目的，大學不是為市場服務而存在，大學內的知識分類（與學系分科）導致知識與

思想的窄化，這都是值得持續批判與研究的教育問題。

第二顆胡桃：希臘之愛（the love of the Greeks）

Derrida 所說的「希臘之愛」意指對傳統思想與哲學的尊重，「希臘」並非指國名，因為希臘被普遍視為西方文化思想的搖籃，Derrida 用此泛稱如 Plato、Aristotle 等重要希臘哲人及其哲學思想，因此在《*Deconstruction In a Nutshell: A Conversation with Jacques Derrida*》（Derrida & Caputo, 1997）中，論述「希臘之愛」一章甚至另有章名為〈Khora：嚴肅對待 Plato〉，khora 也是 Plato 在〈蒂瑪烏斯篇〉（Timaeus）中所提的一個獨特的空間概念。Derrida 常被批評為驚世駭俗藐視傳統，其實，Derrida 自認忠於哲學傳統，解構其實植基於對於西方思想傳統中的諸多作品進行深入細膩的討論，如前述，解構代表作品之一的《論書寫學》大量探討 Plato、Rousseau、Saussure、Levi-Strauss 等人之思想，Derrida 其他作品亦然，Derrida 認為哲學權就是思想，但思想不僅止於知識性、學術性思想，思想蘊含著責任，負責任的思想意味著「保持傳統記憶的活存，而必須使其開放，朝向未來開放。」（Derrida, 2004, p.149）如此一來：

> 由思想責任所激發的論述、作品或職位，如同科研機構，並不是死守著所謂社會學知識或政治學，這些學科無疑比以前還重要，我絕無意否認。但它們……並未觸及最根本的理性原則與現代大學的基礎，它們從未質疑科學規範性、客觀性與客觀化的價值……（Derrida, 2004, p.149）

由上述可知 Derrida 並非反對傳統，而是要求知識分子應當要了解傳統並存續傳統，但在此同時更重要的是，質疑與批判傳統。

第三顆胡桃：無社群之社群（a community without community）

「集體」、「群體」、「同質化」、「同一性」等概念是解構思想最重要的批判對象，因為這些概念蘊含著「相同」、「同化」、「一

致」、「共識」，而解構所主張的是「差異」、「延異」、「他者」、「異議」，因此，Caputo 以無社群之社群作爲解構的第三種理解似乎令讀者相當不解。再者，從社群 community 的字源來看，communio 意味著軍隊，而其相關字 munition 意味著軍需品，因此，構成一個 communio 是一種在周圍建構防衛的概念，構築出自我防禦的群體，防衛外人、陌生人的入侵，與外人之間劃出分隔，此概念與主張向他者開放的解構恰恰相反（Derrida & Caputo, 1997）。然而，Caputo 以無社群之社群解釋解構的理由在於，解構思想並不主張極端個人主義，也不主張群體主義，既非自由主義（liberalism），亦非社群主義（communitarianism），不是本質主義（essentialism），也不是傳統主義（conventionalism），如果真要給 Derrida 冠上一個頭銜，Caputo 使用的是「創新主義者」（inventionalist），因爲 Derrida 的「眼睛或耳朵永遠朝向將來」（Derrida & Caputo, 1997, p.109），採取持續的開放而非封閉的態度。此種觀點的群體是一種開放的群聚，不設限，也不故步自封，面對他者、外人或陌生人，無社群之社群採取歡迎與招待，Derrida（1999, 2000a, 2000b）主張「款待」（hospitality）是一種他者倫理學，面對他者無條件的迎接與信任（Hung, 2013），當社群是一個能夠善待、款待他者且採取對差異開放的群聚時，這樣的社群就是解構社群，也稱之爲無社群之社群。

第四顆胡桃：正義（justice）

許多批評者認爲解構思想並不關心正義、政治或法律，只是一種「無政治的唯美主義」（apolitical aestheticism），其思想與論述只是一種對文本的耽溺，不關心公共事務、公共議題與公共領域，Derrida（1976, p.158/2016, p.172）不是說過「文本之外無他」（*il n'y a pas de hors-texte*）嗎？其實不然，如前述 Derrida 其實是身體力行的實作者，從 1990 年代開始，Derrida 至少有六本著作表達其政治思想（陸揚，2000），貫串這六本著作的一個重要主題就是正義。

要理解 Derrida 的「正義」（justice）觀點就必須與其對「法律」

（law, *droit*）的理解進行對照，法律意味著某種司法體系的結構，法律可能是約定俗成或自然法，也可能是制定法或非制定法；可能是歐陸法或英美法，也可能是產生於習俗或統治者命令，但是，法律是可解構的（deconstructible）。當人們遭遇問題而現有法律無法解決時，新的法律將隨之產生，無論立法時間快慢或立法基礎來源，但這都表示法律可修改的變動性質；相對的，正義是不可解構的（un-deconstructible），Derrida 說：

> 正義本身是不可解構的，如果正義存在，它外在於法律並超越法律。如果〔正義〕存在，它並不大於解構。解構即正義。（Derrida, 1990）

法律解構就是正義，同時行使法律也是解構，Derrida 說法律主張的基礎在於正義，而正義需要法律的力量（force of law）才得以成立，在法律與正義之間的動態就是解構，因為此種動態無法停止，正義也不是一個可實質掌握的事物，因此 Derrida 認為正義是「不可能」（the impossible），正義不能成為現實的具體事物，但是卻是一個永遠在前方引導現實世界進行改革的目標。

第五顆胡桃：救世（the messianic）

Messianic 一字來自於猶太教救世主 Messiah（通常音譯為彌賽亞），然而對我們非猶太基督教文化傳統的東亞人士而言，彌賽亞似乎是很難掌握的語詞，解構作為彌賽亞更是難以理解。然而或許當我們採取意譯，並試圖將此概念脈絡化而且去除宗教色彩，救世是較為接近的語詞。

為說明解構之為救世，Derrida 區分救世（the messianic）與救世主（彌賽亞）（The Messiah）兩種概念，或區分救世（the messianic）與救世主義（messianisms）兩種概念，救世主義通常關聯著救世主信仰。Derrida 主張，救世是一種普遍性的概念，是對於未來、未定的期許與承諾，此種承諾與期許並非由救世主訂下，而是朝向未定的未來而開放，如果救世主的肉身當真出現，這反而是一種災難，因為那反而會「終止了一切的

8 解構是教育文化的危機或轉機？敲開解構六顆「胡桃殼」

希望、想望、期待、承諾的可能，一言畢之，終止未來。」（Derrida & Caputo, 1997, p.163）

　　相對的，救世主義則可能是各種具體不同的信念系統，例如不同的宗教、不同的哲學派別或甚至當代對科技與市場的迷戀（Derrida & Caputo, 1997）。這些信念或執念有一套內在知識體系，信徒為了維護其信仰，引起流血「聖戰」也在所不惜，或許我們可以說 Derrida 所說的救世主義類似所謂的基本教義，恐怖主義正是基於維護基本教義的神聖與尊貴而生。

第六顆胡桃：肯認（affirmation）

　　筆者認為第六顆胡桃是最不容易消化的，因為這部分關聯著 Derrida 對於愛爾蘭作家 James Joyce 的理解，然而 Derrida 深受 Joyce 影響，Joyce 代表著作之一的《尤里西斯》（Ulysses）最後一章整章沒有標點，開頭與最後的字是 yes，文中也不斷出現 yes，這本長篇小說與晦澀的文筆卻引生出解構與肯認的聯繫，Derrida 認為這是一本「肯認之書」（the book of 'Yes'），回答 yes 代表一種允諾，也是一個回應與簽署，然而，真誠肯定的回答並不是表面的敷衍，因此 yes 蘊含著第二個、第三個重複的回覆，這也為什麼 Derrida 在《尤里西斯》中所獲取的訊息，不斷出現的 yes 正是人們回答時複述的 yes, yes（「是、是」），當我們回答「是」的時候，我們總是回答「是、是」，第二個「是」是對第一個「是」的重複、回應與再肯認，然而承諾、責任、回應與重複不可分割，透過重複傳達出肯認的可能性與可實踐性，也意味著對於存有、他者的責任、回應與肯認。

肆 解構、道德、教育

　　閱讀上述敲開 Caputo 對於「解構」「長話短說」的六顆胡桃殼後，吾人可曾獲得什麼樣的啟示呢？在此，本文試圖以上述六顆胡桃為參照，思考道德與教育。道德與教育可說是一個傳統、文化與社會制度與系統的中流砥柱，支持該社會文化運作與傳承的最重要元素，然而，維繫系統與制

度同時，可能產生什麼問題、壓迫或甚至暴力？魯迅的《狂人日記》爲什麼控訴著「禮教吃人」？在 21 世紀的當代，是否還有吃人禮教呢？這六顆胡桃並不直接給我們答案，我們應當以打破沙鍋的精神面對教育缺失，持續提出更多問題。

在此，本文以上述所討論的六點爲參考，運用於教育研究與教學現場，我們可能持續追索的問題如下：

一、享有哲學權利

今日的哲學探索是否超越現有學術框架？學術探討是否可越過學術機構的藩籬？學校、學習、教育的意義是什麼？大學或高等教育的意義與價值又爲何？更具體而言，上述問題有助於吾人反思國內教育場域的問題，例如：目前國內教育最迫切的問題可說是少子化問題，少子化引生出在各層級教育學校面臨招生不足之危機，但所謂招生不足又植基於市場與供需的假設上，該假設更深一層的預設著教育爲業界與經濟發展服務，預設著教育培育的成果在於培養「有用」的人，而有用無用卻是依照就業率、薪資所得等等物質化標準來判斷，此種將學校窄化爲職業訓練所的觀念，壓縮吾人對於學校、教育目的、生命意義、思想的理解。

二、希臘之愛

Derrida 的希臘之愛可說是一種對於傳統精神的維護，但是，Derrida 絕非單純記誦與傳遞經典，更不是把傳統神聖化，而是採取一種批判與解構的角度進行審慎、深入的閱讀、思索與探討。吾人如何面對傳統，包括傳統文化、思想、教育制度、文化遺產與文化結晶？吾人如何閱讀傳統典籍？「讀經」的方式、過程與目的是什麼？華人文化圈在近年興起一股「讀經班」熱潮，就表面而言，華人文化圈的讀經熱似乎是 Derrida 希臘之愛的副本，但就深層而言，東方讀經風潮可能不能簡單視同於 Derrida 對於西方思想傳統的解構式閱讀，就此而言，讀經班的閱讀方式、選材也值得進一步探討。

三、無社群之社群

　　無社群的社群提示我們重新思考「我們」與「他們」的定義？群體之劃分可能是族群、地域、國籍、階級、性別、種族、語言、血緣、文化、宗教、職業、年齡、成績等，而這些劃分族群或群體的理論依據、合理性、合法性是什麼？什麼樣劃分群體的依據應予保護？什麼樣劃分群體的依據應受到質疑挑戰？

四、正義

　　何謂「正義」？何謂「法律」或「律法」？正義與法律的關係為何、位階為何？為何解構主義者 Derrida 聲稱法律可解構、正義不可解構？教育正義的是什麼？教育法律又為何？如何理解、建立、實施或保障教育正義與法律？兩者是否可能產生衝突？如何解決？更具體而言，我們可以探討教育正義與公平的關係，以及目前各項教育政策與相關法令，是否能有助於促進教育正義、公平？正義概念通常被理解包括實質正義與程序正義，而前者內涵也被分析為分配正義、矯正正義等，如何將解構正義關聯到正義概念的內涵、面向以及在不同議題上的探討？

五、救世

　　現實世界是否需要救贖或救世主？誰是救世主？救世主可以引領世人抵達或建立烏托邦嗎？或說，人們需要救世主才得以抵達極樂世界或建立烏托邦嗎？然如同 Derrida 說，許多爭戰正是以救世主為名，如此，吾人又該如何分辨假先知或真救主呢？在 21 世紀，應如何進行宗教教育？

六、肯認

　　重複與肯認的關係為何？教育中的肯認是什麼？Derrida 閱讀 Ulysses 揭示的重複肯定應答，似乎意味著人際關係中真誠的回應與關照，這在教育中的意義與啟示又是為何？什麼樣的師生關係是肯認、回應與重複？教

師對於學生應該無條件的肯定、回應嗎？或者，教師對於學生的肯定或回應需要植基於某種條件嗎？什麼樣的條件呢？

伍 結語

上述的提問牽涉了倫理、道德、社會、政治等各領域，可知教育問題之鑽研，必須超越單一領域的研究。整體而言，Caputo 與 Derrida 的六顆解構胡桃並不在於給予讀者一個絕對、標準的「解構」定義，甚至，六顆胡桃可能還不足以窮盡解構的涵義，我們仍可持續研究，深入或拓展解構概念的意義。本文說明 Derrida 對於語音中心主義的解構，與解構的意義，以及 Derrida 如何從西方哲學脈絡內部重新解讀、解構的操作，基於上述，吾人可知，解構並不是對過去的全盤否定，而是一再挑戰、質疑、詮釋傳統：

> 解構的意義與使命就是去顯示事物——文本、制度、傳統、社會、信念與各式各樣你能想到的實踐——並沒有確定的意義與命定的任務；事物總是多過於任何任務所求；事物總是超越它們目前所占據的界線。所有正在進行的、所有正在發生的，永遠都即將到來。（Derrida & Caputo, 1997, p.31）

Derrida（1981a, p.6；洪如玉，2016，pp.179-180）更說，解構是：

> 「解構」哲學就是去思考——用一種最忠實、最內在的方式——哲學概念的結構性的系譜學，並同時區分出什麼是這個哲學史所隱匿或禁止的，什麼就哲學而言是外在的、不合格又不可命名的，就此而使自身成為一種具壓迫的歷史。

換言之，Derrida 主張的解構並非棄絕過去與歷史，也絕非如批評者所誤解：解構就是無標準、無原則的「什麼都行！」（Anything goes!）。相反的，解構必須從歷史思想傳統的內部進行反思批判，挖掘歷史思想傳

統的底層與邊際，而且是更深、更廣地不斷對自身處境、歷史、文化、意識型態等各種傳統進行持續理解、分析與檢驗，在不斷的自我理解與剖析之中開展的歷程。

致謝：本文感謝科技部計畫支持，MOST 106-2410-H-415-007-MY2。

參考文獻

中文部分

洪如玉（2016）。Derrida解構思想之探析及其教育蘊義。教育實踐與研究，**29**(1), 173-198。

洪如玉、陳惠青（2016）。解構哲學之探討及其對審美教育學之啟示。教育科學研究期刊，**61**(1)，115-137。

陸揚（2000）。後現代性的文本闡釋：福科與德里達。上海：三聯書局。

英文部分

Abrams, M. H. (1977). The deconstructive angel. *Critical Inquiry, 3*(3), 425-438.

Derrida, J. (1981a). *Positions.* Chicago, IL: The University of Chicago Press.

Derrida, Jacques (1981b). Plato's Pharmacy. In *Dissemination* (pp.63-171), translated by Barbara Johnson, Chicago, IL: University of Chicago Press.

Derrida, J. (1990). Force of law: The 'mystical foundations of authority'. *Cardozo Law Review, 11*(5-6), 919-1046.

Derrida J. (1991). Letter to a Japanese friend. In P. Kamuf (Ed.), *A Derrida reader: Between the blinds* (pp.270-276). New York, NY: Columbia University Press.

Derrida, J. (1995). *Points…, Interviews, 1974-1994.* Stanford, CA: Stanford University Press.

Derrida, J. (1996). As if I were dead: An interview with Jacques Derrida. In J. Branningan, R. Robbins, & J. Wolfreys (Eds.), *Applying: To Derrida* (pp.212-227). Hampshire, UK: MacMillan Press.

Derrida, J. (1999). Hospitality, justice and responsibility. In R. Kearney & M. Doorley (Eds.), *Questioning ethics: contemporary debates in philosophy* (pp.65-83). London: Routledge.

Derrida, J. (2000a). *Of hospitality: Anne Dufourmeantelle invites Jacques Derrida to respond*. Stanford, CA: Stanford University Press.

Derrida, J. (2000b). Hospitality. *Angelaki, Journal of the Theoretical Humanities, 5*(3), 3-18.

Derrida, J. (2004). *Eyes of the university: Right to philosophy 2*. Stanford, CA: Stanford University Press.

Derrida, J., & Caputo, J. D. (Eds.). (1997). *Deconstruction in a nutshell: A conversation with Jacques Derrida* (No.1). New York, NY: Fordham University Press.

Eagleton, Terry. (1991). *Ideology: An Introduction*. London, UK: Verso.

Feldman, S. P. (1998). Playing with the pieces: deconstruction and the loss of moral culture. *Journal of Management Studies, 35*(1), 59-79.

Hoy, D. C. (1994). Deconstructing "Ideology". *Philosophy and Literature, 18*(1), 1-17.

Hung, R. (2013). Educational Hospitality and Trust in Teacher-Student Relationships: A Derridarian Visiting. *Studies in Philosophy and Education 32*(1), 87-99.

Hung, R. (2018). *Education between speech and writing: Crossing the boundaries of dao and deconstruction*. London, UK: Routledge.

Liddell, H. G. & Scott, R. (2016) (Eds.). φάρμακον. A Greek–English Lexicon at the Perseus Project. Retrieved 4 February, 2018 online: http://www.perseus.tufts.edu/hopper/text?doc=Perseus:text:1999.04.0057:entry=fa/rmakon

Rose, G. (1984). *Dialectic of Nihilism: Post-Structuralism and Law*. Oxford, UK:

Blackwell.

Saussure, F. D. (1959). *Course in general linguistics* (W. Baskin, Trans.). New York, NY: Philosophical Library.

Smith, B. et al (May 9, 1992). From Professor Barry Smith and others. *The Times* (London). Saturday, May 9, 1992. Retrieved January 29, 2018 from http://ontology.buffalo.edu/smith/varia/Derrida_Letter.htm

有德就有福嗎？
——Aristotle的觀點

陳伊琳

國立臺灣師範大學教育學系助理教授

9

 論題的時代意義

「德福關係」這個論題對於 21 世紀現代人來說，可能顯得陌生，甚或意義不明。但若拆開來看，「德行」與「幸福」的意思應為一般人所能了解。這是否意味著「德福關係」這個古老的哲學論題不再為人關注，因而喪失其時代意義？筆者認為不然。證據可從當代學術界重燃對於「德行」與「幸福」兩大議題的研究興趣，可見一斑。明確而言，至少包含：(1) 德行倫理學（virtue ethics）與 (2) 品德教育[1]（character education）的當代復甦；(3) 幸福研究（happiness studies）風潮——特別是正向心理學（positive psychology）的興起；以及 (4) 英、美兩國學校端倡導的幸福課程（happiness curriculum）。這四股研究熱潮看似分別關注於德行與幸福，但筆者想指出的是，在其各自研究議程底下，實際上一致潛藏著「德福關係」這個重要論題。這並非偶然，而是其來有自，源自於它們的內部關聯性——Aristotle 倫理學作為連結樞紐。茲簡要說明如下。

首先，德行倫理學的當代復甦一般公認始於 1958 年 G. E. M. Anscombe 發表〈當代道德哲學〉一文，她呼籲道德哲學的研究應該重拾 Aristotle 有關德行及其心靈哲學的討論（Anscombe, 1958, p.1, 4, 6）。發展迄今，德行研究雖已累積豐碩成果，但部分學者卻也察覺當中的問題。例如：J. Annas 與 W. J. Prior 便指出，德行倫理學的當代倡導者喜歡單獨談論德行，卻忽略了與德行息息相關的幸福（*eudaimonia*）概念，他們不

---

[1] 本文將character education譯為品德教育，而非品格教育，主要的考量是國際上這波character education復甦熱潮，是將character education定位為致力於「道德德行之傳授」（inculcation of moral virtues）的德育取徑，刻意將它與其他德育取徑，譬如價值澄清、道德認知發展論等區分（Kristjánsson, 2002, p)143）。換言之，有鑒於character education是一種致力於道德德行的教導，以及道德品格（moral character）之陶養的德育取徑，是以譯為「品德教育」。值得一提的是，就臺灣《教育部品德教育促進方案》的英文名稱為Guidelines for facilitating character and/or moral education programs而言，似乎無意特別區分品德教育之異於其他德育取徑之處。不過，詳究方案內容，確實可見其特別強調「品德核心價值」（筆者理解為道德德行）、「行為準則」（道德德行常須以行為準則的形式，來為受教者所理解）、「引導學習者朝向知善、樂善與行善」等符合西方品德教育取徑的重要主張。

願意將德行置入以幸福爲首要概念的理論結構中（陳伊琳，2016，頁8註腳5；Annas, 1998, p.41; Prior, 2001, p.325）。Prior如此描述：「我們處於道德哲學家對於德行的興趣復甦中……然而，我們並未置身於道德哲學家對於幸福論（*eudaimonism*）的興趣復甦中。」（Prior, 2001, p.325）。而這適足以解釋何以「從Aristotle與其他古代理論家那兒獲得啓發的現代理論一般稱作德行倫理學，而非幸福倫理學（happiness ethics）。」（Annas, 1998, p.37）。要言之，當代德行倫理學家對於古代德行觀與幸福觀的關注程度明顯失衡。過去數十年，德行理論雖然強勢回歸學界，然而Aristotle有關德行與幸福之關係的論點卻罕爲學者所支持（Sumner, 1998, p.24）。這種只談德行，卻不論幸福所造成的惡果就是，我們缺乏充足的資源來回答「爲何需要有德」（why be virtuous）這個棘手的問題，爲何德行值得我們努力養成？同樣的，Prior也表示，當德行概念從它的原生脈絡——幸福當中割離，德行倫理學將無法回答諸如德行的本質與價值之類的根本問題（Prior, 2001, p.325）。

其次，當代品德教育一般被界定爲致力於「傳授道德德行」的教育活動，並以Aristotle倫理學作爲主要的理論基礎。品德教育的當代興起，經常被視爲是爲了對治（as a remedy for）諸多社會病症（特別是青少年犯罪等問題行爲）與道德衰敗的現象，其終極目的在於重現良序社會（陳伊琳，2008，頁147-148）。然而，這種手段—目的式的論證顯然是將品德教育視爲是解決社會問題的手段。就此而言，姑且不論「好品德」是否是解決各式各樣社會問題的有效方法，或關鍵所在，這種工具性論證確實有將道德教育與社會工程（social engineering）混淆之虞（Carr, 1999, pp.27, 29）。尤其，在此論證下，德行對於個體的意義與重要性並未廓清，「我爲何需要有德」的問題仍舊未解。若依照品德教育的學理基礎——Aristotle的倫理學架構，爲了闡明德行對於個體的內在價值，必須將德行重新置入其原有脈絡——闡明德與福的關係。

最後，英、美兩國幸福課程的興起，譬如美國哈佛大學於2006年開授廣受學子歡迎的「幸福課」，英國公學Wellington College於2006年秋季開始教授「幸福課程」給該校青少年階段的學生（Goodchild, 2006），

實際上皆與幸福研究熱潮中正向心理學的興起有關。詳究英、美兩國在不同教育階段所開設的幸福課程，將會發現它們不過是美國心理學家 M. E. P. Seligman 倡導的「正向心理學」的衍生物。亦即，正向心理學是這波幸福課程熱潮最主要的推手與學理根基。1998 年當選美國心理學學會主席的 Seligman，在就職演說中正式提出「正向心理學」（詳見 Seligman, 1999），這是為了矯正美國心理學界在二戰過後依循著「解決問題」與「修復傷害」的補救性思維路數，而希冀能以正向心理學重拾心理學原初的旨趣與使命──幫助一般人（而非只有病人）活得更好，「為發現 Aristotle 所謂的『美好生活』提供指引」（Seligman, 2002, preface）。因此，正向心理學的主要研究議題便從焦慮、憂鬱轉向幸福與美好生活（譬如 Seligman 便從「習得無助感」轉向「學習樂觀」的研究）。

對於正向心理學來說，幸福不單純只是病症、痛苦的闕如而已，它也拒絕將幸福等同於快樂／愉悅（pleasure）的單純「快樂學」（mere happiology）（Peterson, 2006, p.7），因為正向心理學家明確表示，正向特質與德行必然在促成個體真實的幸福[2]（authentic happiness）中扮演關鍵角色，「正面的說，我們相信品格優勢（character strength）是人類處境的基石，與優勢相符的活動代表邁向心理上美好生活的重要途徑。」（Peterson & Seligman, 2004, p.4）「真實的幸福來自於辨識及培養你最根本的優勢〔按：指品格優勢，Seligman 視之為展現德行的具體途徑〕，每天在工作、愛、遊戲與養育孩子之中使用它們。」（Seligman, 2002, p.xiii）據此，個體若想幸福，過美好生活，必須要投身於施展個人品格優勢與德行的活動中。要言之，正向心理學的一項重要論點即是：施展個人的品格優勢與德行乃是促成個體真實的幸福之必經途徑。正向心理學家 J. Haidt 便試圖為他所謂的「德行假設」──「培養德行將會使你幸福」做辯護（Haidt, 2006, p.158）。就此而言，古老的「德福關係」論題似乎在當代正向心理學的運動中，看見一線復甦的曙光（陳伊琳，2014，頁257）。

---

[2] 洪蘭將Seligman的暢銷作譯為《真實的快樂》（2003）。但筆者認為根據Seligman的幸福理論，譯為「真實的幸福」比較適當，是以，後文皆稱真實的幸福。

綜上所述，德行倫理學與品德教育側重於闡述德行是什麼（what），以及如何傳授德行（how）的探討，然而當德行從幸福架構中脫鉤，去脈絡化的德行論述對於人「為何」（why）需要有德的問題，便無法獲得圓滿的解答。而正向心理學與幸福課程旨在探討什麼是幸福（what），接下來勢必會面臨到「如何」（how）致福的問題，而兩者皆一致指向德行是個體追求幸福的重要途徑。至此應可以清楚看到，這四股研究熱潮的交集便在於「德與福之關係」的探討。為了回應這兩大提問（為何要有德？如何致福？），有必要重返古老的「德福關係」論題。

貳、古希臘幸福論的傳統為何會提出「德福關係」的論題？與Aristotle的定位

「德福關係」是古希臘倫理學的核心論題，由於前述四股熱潮的交會點為 Aristotle 倫理學，所以本文選擇聚焦於 Aristotle 觀點的探討。此外，Aristotle 的幸福觀，以及他對於「德福關係」的觀點，確實相當具有代表性。這或可由 M. Ring 的話看出：「一個人無法從事幸福議題的研究太久，而未被諸般提醒他必須探查 Aristotle 的觀點。」（Ring, 1980, p.70）要言之，Aristotle 不僅可以提供今人在思考幸福為何物，以及德福關係的一個系統性觀點，其觀點即便在古希臘時代也有其特出之處。

一、古希臘倫理學的思考起點——如何過幸福的生活？

古希臘倫理學指的是從西元前 4、5 世紀 Socrates 開始，歷經 Plato 與 Aristotle 的繼承、希臘化時期的 Epicurus（341-271 B.C.）、斯多葛派創始人 Zeno（334-262 B.C.）、Cleanthes（331-232 B.C.）與 Chrysippus（280-206 B.C.）一脈相承的倫理學傳統（Rowe, 1993, p.121）。基於對人類的普遍觀察，古希臘哲學家發現，每個人都會回頭檢視自己的生活，詢問它過得如何，進而思考如何最佳地過一生。就像 Socrates 的名言「未經檢視的生活不值得活」一樣（Devettere, 2002, pp.10-11; Smith, 1980, p.30），人們

莫不企盼好好地過一生。對他們而言，生命並非只是「一連串離散的經驗，而是一個整體。每個生命都是單一故事，目標是使整個故事變成一個好的故事。」（Devettere, 2002, p.29）。「每個人生都是一個敘事，當中有個核心主角，他的生命以許多篇章開展，並由一個根本問題串聯：她將管理好她的生活，好讓它過得好嗎？」（Devettere, 2002, p.37）。

要言之，古希臘倫理學的首要問題就是「我應該如何過我的生命？」由於人類共通經驗指明，人生中我們最終渴望的就是「幸福」，所以，我們應該做的就是設法過一個幸福的生活（live a happy life）。於是可見幸福位居古希臘倫理學的根基位置，「〔古〕希臘倫理學是關於幸福，而非責任或義務的（obligation or duty）。」（Devettere, 2002, p.3, p.41）古希臘人將幸福視為是所有倫理討論的首要主題，他們一再地追問，幸福是什麼，而不是詢問應該做什麼（White, 2002, p.331）。可以說，古希臘主要哲學派別在倫理學結構上皆屬於「幸福論」（陳伊琳，2016，頁5；Cooper, 1995, p.588; Gass, 2000, p.20; Prior, 2001, p.325）。關於幸福在希臘倫理學的重要性，可由 Cicero 的一段話總結：

> 當最高善（*summum bonum*）〔按：即幸福〕在哲學中被決定／安放（settled）下來，所有事情就都解決了。……若人們不知道什麼是最高善，如何過我們生命的指引也就無從得知。……當我們理解終極的善與終極的惡，一種生活方式（a way of life）於是就被發現了。（Devettere, 2002, p.39）

接下來的問題就是，幸福是「什麼」？以及「如何」才能過幸福生活？這個根本問題首先是由 Socrates 所提出——「為了達至幸福，一個人應當如何過活？」Socrates 的解答獲得幾乎所有希臘傳統下哲學家的響應，他們全都給予「德行」顯著的地位（Rowe, 1993, p.123）。這反映了「德行」在個體追求幸福生活之過程中所占據的樞紐地位。R. J. Devettere 的說法是：「倫理的動機來自於人類最深層的欲望——想讓我們的生活過得好的欲望。」（Devettere, 2002, p.3）換言之，若問「人為何要有德？」答案不脫「人想要過幸福的生活」。至此可見，古希臘倫理學大體上圍繞

著兩個核心概念——*eudaimonia* 與 *arete*，傳統上譯為幸福（happiness）與德行（virtue）（Rowe, 1993, p.122）。而德與福的關係、修德如何致福、有德就有福嗎？這一系列問題便成為古希臘哲學家們共享的論題。而古希臘「幸福論」指的就是一種將幸福與德行連結起來的立場（Stanford encyclopedia of philosophy, ancient ethical theory），德與福的關係正是幸福論的主課題。明確的說，幸福論主張德行的規範性源自於其對於幸福的價值，德行的定義須從它與幸福的關係來立論（Stanford encyclopedia of philosophy, virtue ethics）。

二、古希臘幸福論的文化脈絡

誠如 Aristotle 所言，我們有各式各樣的活動與作為，各以某個善為目標；其中，有些善是作為追求其他善／目的的手段，有些善是自為目的但同時也為了其他善／目的，追根究柢，我們的欲望最終導向一個至高的善（an overriding good），Aristotle 說它是「善與首善」（the good and the chief good）（NE1-2, 1094a22[3], p.3），一般人與有識之士（people of superior refinement）都同意它就是「幸福」（NE1-4, p.5）。幸福是唯一我們只為其自身而追求它，而它並不為了任何其他東西。對古希臘人來說，幸福並非哲學家的獨創，尋常百姓也經常想著、欲求幸福。只是他們的幸福觀常有差異。

史學家 D. M. McMahon 指出，在古希臘時代，幸福這個字——*eudaimonia* 首先由古希臘詩人 Hesiod 在其田園牧詩〈工作與時日〉（Works and Days）中所使用，描述「幸福且幸運的人」（happy and lucky the man）（*eudaimon te kai olbious*）（Oishi, Graham, & Kesebir, 2013, p.560）。而 Herodotus 在他的著作《歷史》（*The History*）中，使用數個古希臘字，包含 *olbios*、*eutychia*、*eudaimon* 來指稱好運

---

3 筆者以NE作為Aristotle重要倫理學著作《尼各馬科倫理學》（*Nicomachean Ethics*）的簡稱。為便於讀者查詢NE原典，NE1-2, 1094a22是指該書第一卷第二章，1094a22則是學界一般為Aristotle著作的編號方式，有利於不同翻譯版本之間相互比較時查找的便利性。本文後續引用格式皆按此例。

（good fortune）、賜福（blessedness）、神愛（divine favor）與興旺（prosperity），其中 *eudaimon* 及其名詞 *eudaimonia* 最常出現在其著作中。幸福「在隨後的 100 年間成為希臘哲學辭典中絕對關鍵的詞語」（McMahon, 2013, p.253）。由於 *eudaimonia* 的形容詞 *eudaimon* 是由 *eu*（good）與 *daimon* [4]（god, spirit, demon）所組成，McMahon 於是說道：

> 幸福內含命運的說法（a notion of fortune），因為擁有一個好的靈（a good daimon）[5]在你身邊，一個指導靈（a guiding spirit）就是幸運的（lucky）。它也包含神性的說法（a notion of divinity），因為靈（a daimon）就是眾神明（the gods）的密使，看顧守望著我們每個人的個人靈（a personal spirit），代表著奧林匹斯山上諸神以看不見的方式行動著。（McMahon, 2013, p.253）

換言之，「在古希臘，幸福被視為是在人類行動力之上的東西，主要是由運氣（luck）與神明所控制。」（Oishi, Graham, & Kesebir, 2013, p.560）。所以，McMahon 在其 2006 年著作《幸福的歷史》（*Happiness: A history*）中表明「幸福發生在我們身上，對此我們無法控制。」（引自 Oishi, Graham, & Kesebir, 2013, p.560）。古希臘人日常所理解的幸福，誠如 *eudaimonia* 是由 *eu* 與 *daimon* 構組而成，意思是「好運」（a good fate）（Devettere, 2002, p.40），而且此好運不只是一時的，而是終其一生。[6] 古希臘人深感自己的人生為命運所主宰，而命運經常是殘酷的：

---

[4] 古希臘*daimon*這個字後來的拉丁文是*daemon*，原意是指較小的／次要的神（a lesser deity）或指導靈（guiding spirit）（https://en.wikipedia.org/wiki/Daemon_(classical_mythology)）。

[5] McMahon說道，「靈是一種神祕的力量，一種隱形的靈力，驅使著人類往前行動。」（McMahon, 2013, p.253）擁有好靈固然是件好事，表示往神性的方向移動，但若擁有的是壞靈（a bad daimon, a dysdaimon），將會將人導入歧途。問題是神明是善變、任性、變化無常的，就像希臘字*daimon*其實也是現代字demon（惡魔、魔鬼、邪惡的靈）的字根所顯示的那樣（McMahon, 2013, p.253）。

[6] 正因為運氣／機運在人終其一生中都可能發揮其作用，Aristotle對於Solon「看終了」（see the end）、「蓋棺論定」之說才會如此重視（陳伊琳，2016，頁17）。

　　　　壞命運及壞運氣讓希臘人感到驚恐。不論我們做什麼，無
論我們在生活中變得多成功，這全都可能崩解。我們的生活
是幸福或悲慘是機運問題（chance）——我們對它束手無策。
（Devettere, 2002, p.49）

　　這種「個人幸福為命運所擺布」的想法在 Socrates 之前相當盛行，而
這與西元前 6 世紀盛行的悲劇文化有關（Devettere, 2002, pp.49-50），整
個古希臘悲劇的傳統特別強調機運與人類事務的不可預測性（McMahon,
2013, p.254）：譬如 Oedipus 原先享受榮耀、財富、權利、夢想中的女
人、後代、健康、聲望、愉悅等，看似過著幸福的生活，然而他弒父娶母
的悲劇全因壞運而生，毀掉（ruin）他原先的幸福。再如 Homer 史詩描述
了特洛伊國王 Priam 原本幸福的一生，卻在厄運降臨，命運之輪（fortune's
wheel）的滾動之後風雲變色。Priam 的遭遇也屢屢為 Aristotle 所提及，以
作為他在闡明運氣／機運對幸福造成的嚴厲挑戰時的重要例證（Aristotle,
2009, p.16）。再如史家 Herodotus 記載 Lydia 的國王 Croesus 向 Solon 吹
噓自己是世上最幸福的人，但 Solon 卻警告他說，即便最幸福的人在面對
災禍時也無法倖免於難。果不其然，波斯人隨後擊敗他的軍隊，奪走他的
一切。由於古希臘人經常以這些史詩、悲劇作為教育後代的材料，很自然
地，認為幸福與不幸福是好運與壞運的產物，這個想法便根深蒂固地留存
在尋常百姓心中。

　　既然幸福這種美好生活主要是運氣／機運的結果，人們對於要能過
上幸福的生活就甚感悲觀（Devettere, 2002, pp.40-41），因這非人力所能
掌控。但是，不同於常民之見，從 Socrates 開始，歷經 Plato、Aristotle、
伊比鳩魯學派（Epicureanism）與斯多葛學派（Stoicism）等古希臘哲學
家，他們大為削減不幸與悲劇可能對幸福造成的影響，在他們看來，比起
Homer、Herodotus 與其他悲劇作家所描繪的，幸福顯得較為安穩，他們不
願意將幸福全然交給機運，轉而主張人類對於自己的命運可以施展相當的
控制力（Devettere, 2002, p.58; McMahon, 2013, p.254）。其中 Socrates、
Plato、伊比鳩魯與斯多葛學派都主張德行能夠確保幸福，德行必定帶來

幸福（Devettere, 2002, p.58, 59）。要言之，古希臘幸福論哲學家試圖論證的是「幸福取決於我們」（happiness is up to us），意在彰顯人的行動力（agency）；然而，與此同時，面對古希臘人普遍的看法，哲學家們勢必也得清楚交代運氣／機運在致福（achieving happiness）中所扮演的角色（Devettere, 2002, p.41）。只是幸福論的不同哲學家之間，對於德行與幸福之間連結的強度（Sumner, 1998, p.19），以及運氣／機運在幸福中的影響力看法分歧。其中，Socrates 與斯多葛學派主張幸福完全取決於有德的個體，無論多少的壞運或悲劇都無損於幸福；而 Plato 的早期與晚期看法有所轉變，Plato 早期認為幸福不受運氣／機運所影響，晚期則承認幸福會受到某些超乎人力控制範圍之外的因素所影響；至於 Aristotle，他則認為壞運氣與悲劇確實會對有德者的幸福有所損傷（Devettere, 2002, p.41）。類似的，Sumner 指出，極端的看法主張德行對於幸福而言既是必要也是充分的，意即只要他過的是有德的生活，不論還有什麼事情發生，厄運降臨，他過的必然就是幸福的生活，這是 Plato 筆下的 Socrates，以及斯多葛學派的看法（Sumner, 1998, p.19）。這個嚴峻的看法遭遇到許多的困難，另一種比較務實的觀點來自於 Aristotle，他主張「德行對於幸福是必要的，顯然是它最重要的構成要素，但是對幸福來說並不充分。」（Sumner, 1998, p.19）本文無法對古希臘幸福論哲學家的個別觀點詳加分析與比較，底下僅以 Aristotle「德福關係」的論證為分析焦點。

參 Aristotle對於「有德就有福嗎？」的回應

承上，闡明德與福之間的關係是古希臘幸福論者的重要論題。Aristotle 的獨特處在於他強力地拒絕「德行單就其自身對幸福來說是充分的」的論點（Annas, 1999, p.37），他對於「有德就有福嗎？」的提問，明確給予否定的回答。Aristotle 主張，有德不一定就有福，光是有德不一定能過得上幸福生活，然而，無德必定無法過幸福生活；要言之，德對福來說是必要，但不充分的。Aristotle 在《尼各馬科倫理學》（*Nicomachean Ethics*，簡稱 NE）中，至少兩度（NE1-5、7-13）駁斥德行對於幸福是充

分的說法（Annas, 1999, p.35）。他明白表示，除了德行活動外，幸福尚且需要適當的外在善（external goods），而外在善來了又走，是不可靠的，它們純屬於運氣／機運之善（goods of fortune）（Annas, 1999, p.41; NE1-10, 1101a14-16, p.18, NE7-13, 1153b18, p.138; *Rhetorics*1-5, 1360b28-30, p.2163）。要言之，Aristotle 在「德福關係」上的立場頗有兼容古希臘人尋常之見（幸福是命運、運氣的產物）以及幸福論哲學家觀點（幸福取決於我們）的特點。他一方面承認幸福需要外在善與好運，然而運氣非人所能掌控（若此，幸福如何可能取決於個體？）；另一方面，他又堅持德行是幸福所必要的，而修德、行德為人所能努力的（幸福取決於我們！），因此，Aristotle 的難題便在於詳明幸福—德行—運氣／機運（福—德—運）的關係。

一、幸福、德行與外在善（運氣）的三角關係：幸福是否可求？或可遇不可求？

Aristotle 依據功能論證，得出「人的功能是遵循或蘊含理性的靈魂活動。」（NE1-7, p.11）「人的功能是某種生活（a certain kind of life），這是靈魂蘊含理性原則的活動。」（NE1-7, p.12）由於任何活動要被良好地展現，只有當依據適當的德行來表現時，「人類善〔按：指幸福〕因而是靈魂展現德行的活動。」（activity of soul exhibiting virtue），並且是「在完整的一生中」，而非一、二日或短暫時間而已（NE1-7, p.12）。另外，須再多做說明的是，Aristotle 強調，擁有德行與實踐德行是大有不同的，心靈狀態與活動也是大不相同的（NE1-8, p.13），幸福等同於人在其完整的一生中，靈魂展現德行的活動，他過著某種生活，而非處於靜止狀態。簡言之，Aristotle 在 NE1-7 對於幸福的定義是「某種有德的靈魂活動」（NE1-9, p.15）。至此可以清楚看到，對於 Aristotle 而言，人類首善（意即幸福）的界定繫於人類的德行活動，要想追求幸福，勢必得認識人類的德行，[7] NE 從第二卷開始，主題便轉向德行，歷經第三、四、五（正

---

7 Aristotle所謂的「德行」在古希臘文裡原本是「卓越」（excellence）的意思。卓越

義)、六(理智之德)、八與九(友誼),直到最終卷──第十卷,才又以幸福作結。「由於幸福是靈魂遵循完美德行的活動,我們必須思考德行的性質,因為或許我們能對幸福的性質看得更佳。」(NE1-13, p.19-20)Aristotle此舉給人一種「幸福取決於人」的印象,幸福繫於人在其完整的一生中修德與行德的作為。若此,幸福是可求的。事實上,此論點也與Aristotle開宗明義所說,幸福是首善,它是我們只為其自身而欲求的目的,我們欲求其他所有一切皆是為了幸福,而政治科學正是研究人類善這個主題的學問(NE1-2, p.3, 4),政治科學追求的是「*行動所能達致的*(achievable by action)*所有善當中最高的*」(斜體為筆者所加)(NE1-4, p.5)。要言之,政治科學研究的主題是幸福,而幸福是人類行動所能達致的最高善。若此,幸福是操之在人的嗎?

這似乎不只是我們的問題,Aristotle自己也提問「為此緣故〔按:後詳〕這個問題也被提起:幸福是透過學習或者習慣養成又或者某種訓練而獲致的(acquired)嗎?抑或由於某種神意(divine providence),或者又是隨機(by chance)而至的?」(NE1-9, p.15)幸福是靠人的力量所能追求而獲致的,還是取決於機運與神意?前者是Socrates與Plato所主張的,後者則為古希臘悲劇文化所深刻描繪,並為普羅大眾廣為流傳的觀點。那

的展現與事物的功能與目的(purpose)息息相關(Carr, 1991, pp.44-45),物體的卓越指的就是使事物最佳實現其功能的特質(Carr, 1991, p.45)。Aristotle主要是對人之為人的卓越感興趣,因此他旨在探究人的德行。Aristotle在NE中將德行區分為「理智德行」(intellectual virtue)與「道德德行」(moral virtue),理智德行是指人類聰明才智表現的卓越,道德德行則是品格的卓越。其中,理智德行可以分為五種不同的層次,分別是科學知識(*episteme*/scientific knowledge)、技藝(*techne*/art)、實踐智慧(*phronesis*/pratical wisdom)、直觀理性(*nous*/intuitive reason),以及哲學智慧(*sophia*/philosophic wisdom),其中以哲學智慧的層次最高,實踐智慧居次;而道德的德行則包括節制、大方等(NE1-13, p.27)。對Aristotle而言,道德德行就是「穩定的品格狀態」(hexis / a settled state of character),它是讓人「以特定方式來行動、思考及感受的氣質傾向(dispositions)。」(Annas, 2003, p.21)此外,Aristotle強調,道德德行需要有實踐智慧的指引,才能做出適當的展現;而實踐智慧也需要有道德德行,才不至於淪為單純算計的狡詐能力(cunning capacity)(MacIntyre, 1985),如此一來,道德德行與理智德行便有了連結。有關實踐智慧在道德德行,特別是德行一體說中的關鍵角色,陳伊琳(2013)有所探討。

Aristotle 自己怎麼說？他說：

> 然而，即使它不是神給的（god-sent），而是因著德行與某種學習或訓練的過程而至的，幸福似乎仍是最像神的（most godlike）事物，因為〔幸福〕作為德行的獎賞（prize）與目的（end）似乎是世上最佳的東西，某種像神般與賜福之物（something godlike and blessed）。（NE1-9, 1099b15-18, p.15）

> 對於所有在德行的潛能上未受重大損傷的人來說，都可能透過某種學習與照料（study and care）而贏得它（win it）。……將最偉大與最神聖的東西交付給機運，將是相當有缺陷的安排。（NE1-9, 1099b19-20, p.15）

這兩段話顯示 Aristotle 明確地駁斥幸福純然是神賜之物的說法，改而主張幸福是德行的產物，是人類作為的結果。只要個體在德行的潛能上未受重大損傷，都有可能贏得幸福。此處的「贏得」與先前的「獲致」突顯的是人在追求幸福上的行動力。此舉確實也與 Aristotle 先前對於幸福的定義若合符節。然而，令人費解的是，為何他卻又描述幸福是「某種像神般與賜福之物」。這個舉動似乎顯示 Aristotle 在幸福的課題上，至少某種程度地承認了神、機運、運氣的力量？

二、外在善與幸福的關係為何？

Aristotle 從幸福「操之在己（德行）」到承認「機運的作用力」，這個轉折點出現在 NE1-8。

> 但顯然的，如我們所說，它〔按：指幸福〕也需要外在善，因為在缺乏適當的配備（proper equipment）下要行高尚之事是不可能的，或者不容易的。在許多行動中，我們使用朋友與財富及政治權力作為工具（as instruments）；此外，有些事物的闕如會奪走幸福的光彩（luster）——好的出身、優秀

的小孩、美貌，因為外表非常醜的人或者出身不好的人，或者
獨居與沒有小孩的人是不太可能幸福的，或許，有壞透的孩子
或朋友的人，或者因為好孩子或朋友的死亡而失去他們的人，
更加不可能是幸福的。如我們先前所說，幸福似乎另外也需要
這種昌盛（prosperity）；因此緣故，某些人將幸福等同於好
運（good fortune），而其他人將幸福等同於德行。（NE1-8,
1099a31-1099b8, p.14）（斜體為筆者所加）

在這段長引文中，Aristotle 在德行作為幸福的必要條件之外，另外又
表明「幸福也需要外在善」，而外在善是外於人力所能掌控的。首先，關
於外在善這個概念，Aristotle 在更早先的 NE1-8 已有所觸及。他說，人們
將善（goods）分為三類，有些善被描述成外在的，有些與靈魂有關，另
有些則與身體相關[8]（NE1-8, p.13），其中，「我們最恰當且真實地稱呼那
些與靈魂相關者為善，我們將靈魂／心理的活動與行動歸類為與靈魂有關
的。」（NE1-8, p.13）當 Aristotle 將幸福定義為「靈魂遵循完美德行的
活動」，他著眼的正是靈魂善，此些（有德的）活動「屬於靈魂的善，
而非外在善。」（NE1-8, p.13）在介紹善的三分法過後，Aristotle 表示，
有些人於是將幸福等同於德行或實踐智慧或哲學智慧，或當中的組合，
有些人堅持還要加上快樂（pleasure），有些人還納入外在昌盛（external
prosperity）（NE1-8, p.13）。面對這各式各樣的幸福說法，Aristotle 表示：

現在這些觀點中有些被許多人及老人所接受，其他觀點則
為一些傑出／顯赫的（eminent）人所接受；*這些觀點中的任
何一個都不太可能是全然地錯誤*，它們應該至少在某方面是對
的，或甚至是大多數方面。（NE1-8, 1098b25-29, p.13）（斜

---

[8] J. M. Cooper指出Aristotle以兩種不同方式來使用「外在善」一詞：狹義的外在善
指的是「外在於人的」（external to the person），由於人是「具有身體的靈魂」
（an embodied soul），所以，此謂的外在善指的是外於人的身體與靈魂之物（身外
物），譬如好的出身、財富、政治權力、榮譽、朋友等。第一種外在善的用法（狹
義）是相對於靈魂善與身體善的；廣義的外在善則是指「外在於靈魂的」（external
to the soul），包含狹義的外在善與身體善（美貌、健康）（1985, pp.176-177）。

體為筆者所加）

正是在此處，Aristotle 為「幸福也需要外在善」這個說法埋下伏筆。誠如 T. H. Irwin 所言，Aristotle 倫理學的特點是他通常會從常識之見的考察著手，即使不認同，Aristotle 也感到有必要說明他不接受的理由（1999, p.1）。顯然的，在幸福也需要外在善這個常識之見上，不像其他古希臘幸福論哲學家那樣，Aristotle 並未一口回絕，相反地，他肯定地說「它也需要外在善」。要言之，Aristotle 主張幸福同時需要德行與外在善，兩者對於幸福來說都是必要的（Russell, 2012, p.111）。幸福一方面是由靈魂的德行活動所界定，因此是取決於人的；另一方面，幸福也需要外在善，因而無法完全免除機運的影響。

接下來的問題就是，倘若幸福也需要外在善，那麼幸福就無法完全自外於運氣的干擾，若此，還可以說幸福是操之在己的嗎？幸福還是穩定的嗎？抑或會隨著運氣而起伏與變化？此外，倘若幸福受到機運所左右，人對於幸福的降臨與逝去是束手無策的，那麼何以 Aristotle 堅持要人們修德、行德以致福，道理何在？面對德行與運氣這兩大因子對於人在致福路上的作用力，我們可以詢問「德行活動與外在善對於幸福不是同等地強而有力嗎？因為缺少了另外一個，任一個都不能算是幸福。」（Russell, 2012, p.113）既已言明德與運對於福來說都是必要的，缺一不可的，那麼，是否可就此斷定德與運對於福而言是「同等」重要的？若然，何以 Aristotle 可以堅持要人努力修德、行德以致福，而不乾脆交由命運之輪所決定？又或者，就像他對於幸福的定義所顯示的那樣，Aristotle 認為幸福主要是由德行活動所決定的，那麼，他有必要清楚說明：運氣對幸福的影響程度有多大？運氣具體如何影響幸福？總括而言，福－德－運（外在善）的具體關係為何？

(一) 運氣影響幸福的具體方式

關於運氣具體如何影響幸福這個問題，這就必須回到上述 NE1-8（p.14）的長引文。另外，NE1-9 也有相關說法，茲引述如下：

我們正在詢問的這個問題的答案從幸福的定義來看也是清晰明白的（plain），因它〔按：指幸福〕已說是某種有德的靈魂活動。至於剩餘的善，有些必然是要*事先存在作為幸福的條件*（pre-exist as conditions of happiness），而其他的自然地是用來協同而有益於幸福的*工具*（co-operative and useful as instruments）。（NE1-9, 1099b25-28, p.15）（斜體為筆者所加）

綜合 NE1-8、1-9 的引文，Aristotle 認為外在善對於幸福的必要性，可從三方面說明：首先，有德者在「行德」之時經常需要外在善作為物資或工具，譬如物質上極度貧窮的人是難以，甚至無法施展慷慨之德的。即便他是個慷慨的人，但是當他生活得極為困苦，毫無多餘物資時，要對他人伸出援手做出慷慨之舉，若非絕對不可能，也將是非常困難的。誠如 Aristotle 所言「在缺乏適當的器材裝備下要行高尚之事是不可能的，或者不容易的。」筆者稱此為「巧婦難為無米之炊」（陳伊琳，2016）。就此而言，外在善對於幸福來說，具有的是工具性價值（instrumental value），外在善是行德所需的材料設備。

其次，當 Aristotle 說「剩餘的善，有些必然是要『事先存在』作為幸福的條件」時，這可以理解成若想經營幸福的生活，包含在修德與行德兩方面都需要基本物資與朋友（廣義的朋友包含家人在內）作為先決要件，否則無以為之。首先，在最基本的層面上，基本的外在善對於人類生命的維繫而言是必要的，若生命都無法存續了，何來幸福生活可言？其次，就修德而言，Aristotle 曾論及一個人要成為好人與卓越的有德者，主要來源有三，包含天性（nature）、習慣養成（habituation）與論證及教學（argument and teaching），其中「天性的部分顯然並不取決於我們，而是某種神性因素出現於真正幸運的那些人。」（NE10-9, 1179b21-22, p.199）至於後兩者則繫於個人所接受的教養，他必須要是「在正確的規則下養育長大」（NE10-9, 1179b32, p.199）。要言之，修德的前提要件是個人所身處的環境與主要照料者能夠提供給他合適的教養，使之發展與培養出德

行。然而，一個人會生長在什麼樣的家庭，接受何種品質的教養，並非個人所能選擇的，其中涉及運氣／機運。由此可知何以 Aristotle 會說，有些外在善（如照料者）需要預先存在，以作爲幸福的要件。復次，再就行德而言，道德德行的展現是針對相關情境所做的回應，倘若個人所身處的情境沒有展現特定德行的必要，此德行將沒有展現的可能性，只能以潛藏之姿內蘊在個體品格之中。就此而言，道德德行的展現（行德）尚須一項必要條件，此即「他人與適當情境」這項外在善的存在。這是當 Aristotle 在比較哲學家與政治家分別作爲理智德行（intellectual virtues）與道德德行（moral virtues）的典範時，何以他認爲哲學家所經營的幸福生活（默觀生活）較爲自足的緣故，因爲政治家在施展道德德行之時，勢必需要某種外在善的先行存在才有可能。他說道：

> 雖然一位哲學家以及一位正義的人，或一位擁有任何其他德行的人都需要生活的必需品，但當他們被充分裝備好這類事物之後，正義者尚且需要對著或與某些人一起，他才得以做出正義的行為；節制的人、勇敢的人、其他每個人都是同樣的情形。但是哲學家即使是他一個人也可以默觀真理，他這樣做得愈好，就愈有智慧；如果他有夥伴的話，他或許能夠做得更好，但他仍舊是最自足的。（NE10-7, 1177a27-34, p.194）

此段引言同時觸及前述的基本的外在善作爲人類生命維繫所必需，以及道德德行的展現勢必需要有他人（作爲外在善）的存在，作爲引發有德行爲之展現的因子雙層意思。兩者皆指向基本的外在善必須事先存在，以作爲經營幸福生活的先決要件。

最後，當 Aristotle 說道「有些事物的闕如會奪走幸福的光彩——好的出身、優秀的小孩、美貌」時，他的意思是「這些善是因其自身的緣故而受到珍視的，屬於完整人生的一部分。」（Irwin, 1999, p.6）這些外在善具有的是非工具性的（non-instrumental）價值，它們本身就是有價值的，[9]

---

9 Aristotle曾針對善的屬性另做說明：有些善之所以被追求，單純係為了其他東西，這

它們本身就是善的，即使從中並未再衍生出任何好東西，我們仍舊應該選擇它（Aristotle, 2009, NE1-7, p.10）。但 Aristotle 強調，這些善除了本身是可欲的之外，「我們選擇它們也是爲了幸福的緣故，判斷著透過它們，我們應該會幸福。」（Aristotle, 2009, NE1-7, p.10）由於幸福的特性既是最終的（the most final）、最可欲的（most desirable of all things）、自足（self-sufficient）且無可或缺的（lacking in nothing）（Aristotle, 2009, NE1-7, pp.10-11），它必定包含這些具有內在價值的善，否則一丁點好東西的增加都會增益幸福，但這是 Aristotle 所無法接受的。他說「如果它〔按：指幸福〕被這樣看待，增加甚至是最小的善（by the addition of even the least of goods），都清楚地會讓它更加的可欲。」（Aristotle, 2009, NE1-7, p.11）問題是幸福已經被說成是最可欲的，任何好東西的增益理應都無法提升它的善才是。要言之，幸福既然是自足的、無所或缺的，理應當內含這些「本有善」（intrinsic goods），如美貌、好出生、優秀小孩（Aristotle 舉例的這三項皆屬於外在善）等。[10] 這裡需要釐清的是，本有善之爲幸福所需，它對於幸福的助益是直接的嗎？抑或需要透過德行作爲中介？

　　一方面，如上面引文所說，身體善與外在善本身是有價值的，就其本身即可爲幸福增益光彩。以美貌與四肢健全這兩項身體善爲例，它們具有本有價值，就其自身即可爲個體帶來快樂，可「爲生活添加美麗」（NE1-10, 1100b27, p.17）；相反的，醜陋與肢體缺損等外在惡／身體惡（非 Aristotle 之言，而是筆者之謂）「隨之帶來痛苦」（NE1-10, 1100b30,

---

些是工具性的善（instrumental goods），它們的善在於是達成目的的有用的工具，例如「財富」便屬之。另外有些善本身就是可欲的，但同時也是爲了其他善（即幸福）的緣故，例如愉悅／快樂、榮譽，以及理性或其他德行即屬之。另外還有一類善本身就是可欲的，除了它本身之外，從來不是爲了其他東西，此即幸福，幸福本身就是可欲的，而且總是爲了自身，從來不是爲了其他的善。其中後兩類都是「本有善」（intrinsic goods）：它本身就是善的，即使從中並未再衍生出任何好東西，仍舊應該選擇它（陳伊琳，2016，Aristotle, 2009, NE1-6, 1097a25-28, 1097a34-35, 1097b1-7, p.10）。

[10] 本有善尚包含愉悅／快樂、理性、德行、榮譽等，若此，本有善實含括前述的靈魂善、身體善與外在善三類。

p.17）。由於幸福的生活是快樂的（pleasant），而外在善既可帶來快樂，就此而言，本有善對於幸福的助益是直接的。Aristotle 表示：

> 這就是為什麼幸福的人需要身體善與外在善，意即機運之善，為的是他在這些方面〔按：指快樂〕不會受到阻礙。說道躺在拷問檯上的受害者或者遭逢重大不幸的人，只要他是有德的，那他就是幸福的那些人，不論他們是有意或無意的，都是在胡說八道。（NE7-13, 1153b17-20, p.138）

要言之，幸福的生活既然是快樂的，而具有本有價值的外在善本身的出現，即可為個體增益快樂，幸福是需要此些外在善的。

然而，在另一方面，Aristotle 也強調，好東西對於壞人來說非但不是有益的，反而可能是有害的，「對於那些無可救藥的壞人來說，即使是最小量的好東西都不是有益處的，這些好東西反而是有害的。」（NE5-9, 1137a28, p.98）因為外在善可被壞人拿來為非作歹，譬如拿自己的美貌或身強體壯來作惡事。相反的，有德者在實踐智慧的指引下，他對於外在善、好東西的使用總是有益的，「它們不僅本身為生活添加美麗，而且個體處置它們的方式可能是高尚與善的。」（NE1-10, 1100b27-28, p.17）就此而言，對 Aristotle 來說，唯有當個體是有德的情況下，外在善才能稱得上是幸福的構成部分（Russell, 2012, p.111）。若此，外在善對於幸福的助益必須是以德行作為中介。關於這一點，Aristotle 延續上述引文，繼續說道：

> 現在因為我們需要幸運以及其他東西，有些人以為好運與幸福是同一物；但並非如此，因為即使是好運，它本身如果過度的話，就是一種阻礙，或許應當不再被稱作是好運才是；因為它〔按：指好運〕的限度（limit）必須參照幸福來作確定（fixed）。（NE7-13, 1153b20-24, p.138）

外在善等好運終究只是提供個體生活的處境，而幸福則取決於個體如何「過那個生命」（Annas, 2011, p.128）。唯有具有實踐智慧的有德者才

有可能遵循中庸之道來善用這些外在善，而不至於落入過度或不及兩端。唯有在有德的情況下，外在善的運用才不會流於過度，對於有德者的行德來說，外在善可以說是多多益善；但是，相反的，當大量的外在善爲惡德者所掌握時，其爲害更大。這是何以 Aristotle 會說「它〔按：指好運〕的限度必須參照幸福來作確定。」

綜上，外在善與運氣具體影響幸福的方式有三，分別是：適度的外在善作爲個體要過幸福生活的先決要件、作爲個體行德所必要的資源與工具，以及在有德的前提下可增益有德者幸福生活的光彩。

(二) 德行與外在善（運氣）對幸福來說，同等重要嗎？

Aristotle 斬釘截鐵地說「人類生活如我們所言也需要這些〔按：指外在善〕，但有德的行動或者它們的相反，決定了幸福或其相反。」（NE1-10, 1100b8-11, p.17）此言顯示 Aristotle 並不認爲外在善與德行對於幸福而言是同等地重要。相反的，幸福或不幸取決於有德的行動，而非外在善。那是因爲，真正的有德者「將以最高尚且完全正派的方式承擔／忍受（bear）生命的機運」，即使是在諸多重大不幸事件下，「神聖性仍會照亮穿透」（nobility shines through）（NE1-10, 1100b30-33, p.17）。

> 倘若如我們所說的，活動決定了生活的特性，那麼就沒有任何幸福的人（blessed man）可能變成悲慘不幸（miserable）；因爲他將從不作出可憎與卑鄙的行爲。因爲我們認爲，真正善且有智慧的人會以合宜的方式來承擔／忍受生命的意外／運氣，並且總是最佳地運用這些情境，就像一位好將軍會最佳地軍事性使用麾下的軍隊……。如果是這樣的話，*幸福的人*（the happy man）*就不會變成悲慘不幸的——雖然他將不會達至幸福*（reach blessedness），如果他遭逢如同 Priam 那樣的運氣的話。（NE1-10, 1100b33-1101a7, p.17）（斜體為筆者所加）

Aristotle 接著表示，像 Priam 那樣的人，倘若在後來一段「長久且完

整的」時間裡，他重新獲得許多輝煌壯觀的成功、外在善，他將可以「重獲（recover）他的幸福」（NE1-10, 1101a11, p.18）。依此，面對他自己的提問「必定沒有人在還活著的時候可被稱作是幸福的嗎？我們必須如Solon所說的，要看終了（see the end）嗎？……這不是相當荒謬嗎？特別是我們已經說過幸福是一種活動？」（1100a10-14, NE1-10, p.16）「若此，我們應當稱呼那些滿足這些條件〔按：指依據德行來行動且充足地裝備好外在善〕的活人爲幸福的（blessed）。」（NE1-10, 1101a19-20, p.18）Aristotle顯然認爲，在一個人生前即可以判定他過的是不是幸福的生活，但Solon「看終了」的論點提醒我們的是，只要人還活著一日，就有可能遭受命運之輪的滾動，隨著外在善的逝去，他有可能失去原有的幸福，但卻還不至於就此淪爲悲慘不幸的。而後若再重獲外在善的臨現，他也有可能重獲幸福。Aristotle在此談論的是一個人致福（過著幸福的生活）之後，外在善的重大損失會讓人失去幸福（不再過著幸福的生活），但只要他的德行還在，就不至於淪爲悲慘不幸。

要言之，對Aristotle而言，固然對於過幸福生活而言，德行與外在善都是不可或缺的，然則，兩者對於幸福的重要性難以說是同等重要。外在善對於個體幸福的影響與作用力，大體上都是以修德與行德作爲中介的，誠如Irwin所言，「有德但不幸運的人並不幸福（not happy）；幸運但無德的人是不幸福的（unhappy）。」（1999, p.10）

總結來說，Aristotle對於德—運—福三者關係的看法是：德行是決定一個人是否過幸福生活的首要且必要的條件，而外在善等好運對於幸福的作用力，主要是以修德、行德爲中介的，儘管有些外在善本身對於幸福確實有直接助益。是以，Aristotle堅持要人們把握住修德、行德以致福的不二之道。[11]

---

11 關於如何從教育的角度看待與面對外在善對於個體幸福造成的影響，相關討論可參考陳伊琳（2016）一文。

肆 結語

誠如 L. W. Sumner 所說，過著有德的生活將對自己有益，這是個古老的觀念，德行對道德行動者本身是好的這個觀念與古希臘人有關（Sumner, 1998, p.18, 19）。然而，此觀念卻與我們現代人的常識或直覺顯得不相容，甚或相違背。當代社會普遍認為德行與個人的益趣（interest）相衝突（Wringe, 1999, p.287），似乎很難想像德福是一體的。這就像 Sumner 自己的提問一樣，「如果我過著有德的生活，那對你而言可能是件好事。但它對我也將是件好事嗎？」（Sumner, 1998, p.18）類似的，P. Foot 也詢問「但是，現在我們必須問，這對誰有利／有益？是對有德的人有利，抑或對那些與之相交的人有利。」（Foot, 1978, p.3）

「德福論題」對當代人而言或許顯得陌生，但從筆者在前言指出的四股研究趨勢可見，此論題實具有其時代重要性。而此論題的思考本是古希臘的重要課題，幸福論指明修德、行德是個體要過幸福生活的不二法門，德行確實與個體幸福休戚與共。於是，關鍵課題轉向探討何謂德行？Aristotle 將德行分為理智德行與道德德行兩類，依此指出幸福生活也有兩種，分別以哲學家與政治家為範例。對於同樣的問題，當代正向心理學家提出 6 大類德行以及與之相應的 24 項品格優勢，[12] 並且根據心理測驗工具可獲知個人的招牌優勢（signature strengths），他們主張每個人透過施展個人的招牌優勢，可以獲得真實的幸福。若此，幸福論傳統下的 Aristotle 與當代正向心理學家似乎都為德福論題遺留下一個值得深究的重要問題——修德與行德固然為人類致福之路，惟幸福之路是一，還是多？德行

---

[12] 這 6 大類德行分別為：智慧與知識、勇氣、人道（humanity）、正義、節制、靈性與超越（spirituality and transcendence）。「智慧與知識」包含5項品格優勢，依序為創造力、好奇心、心胸開闊、好學習、洞察力（perspective）。「勇氣」包含勇敢、毅力、正直（integrity）、活力等4項品格優勢。「人道」包含3項品格優勢：愛、仁慈、社交智能（social intelligence）。「正義」包括公民資質、公平與領導力等3項品格優勢。「節制」包含4項品格優勢：原諒與寬容、謙卑與謙遜、智慮（prudence）與自我控制。最後，「靈性與超越」包含5項品格優勢：對美與卓越的鑑賞力、感恩、希望、幽默與靈性（陳伊琳，2014，頁267註腳18；Peterson & Seligman, 2004）。

與幸福的個殊化（individualisation of virtue and happiness）課題尚待另文探討。

中文部分

洪蘭譯（2003）。真實的快樂：運用正向心理學在生活中實現個人長處達到生命最大的成功與情緒最深的滿足（原作者：M. E. P. Seligman）。臺北市：遠流。

陳伊琳（2008）。美國當代品格教育的反省——證成、定義與評鑑。中等教育，**59**(1)，142-161。

陳伊琳（2013）。The doctrine of the unity of the virtues and its implications for character education.（德行一體說對於品格教育的啟示）。教育研究集刊，**59**(4)，81-112。

陳伊琳（2014）。品格長處與德行在促成個體幸福／快樂中的角色：評介M. E. P. Seligman著、洪蘭譯《真實的快樂》（Authentic Happiness）。教育資料與研究季刊，**115**，253-278。

陳伊琳（2016）。Aristotle幸福論觀點下的致福之道與幸福的脆弱性——幸福、運氣與品德教育。教育研究集刊，**62**(2)，1-34。

英文部分

Ancient ethical theory. Retrieved August 2, 2017 from https://plato.stanford.edu/entries/ethics-ancient/

Annas, J. (1999). Aristotle on virtue and happiness. In N. Sherman (Ed.), *Aristotle's ethics: Critical essays* (pp.35-55). Oxford, UK: Rowman & Littlefield.

Annas, J. (2003). Virtue ethics and social psychology. *A Priori, 2*, 20-31.

Annas, J. (2011). *Intelligent virtue*. Oxford, UK: Oxford University Press.

Anscombe, G. E. M. (1958). Modern moral philosophy. *Philosophy, 33*(124), 1-19.

Aristotle (1984). Rhetoric (W. R. Roberts, Trans.). In J. Barnes (Ed.), *The complete works of Aristotle: The revised Oxford translation* (volume two). Princeton, NJ: Princeton University Press.

Aristotle (2009). *The Nicomachean ethics* (D. Ross, Trans.). New York, NY: Oxford University Press.

Carr, D. (1991). *Educating the virtues: An essay on the philosophical psychology of moral development and education*. New York: Routledge.

Carr, D. (1999). Cross questions and crooked answers. In J. M. Halstead & T. H. McLaughlin (Eds.), *Education in morality* (pp. 24-43). London: Routledge.

Cooper, J. M. (1985). Aristotle on the goods of fortune. *The Philosophical Review, XCIV*(2), 173-196.

Devettere, R. J. (2002). *Introduction to virtue ethics: Insights of the ancient Greeks*. Washington, DC: Georgetown University Press.

Foot, P. (1978). *Virtues and vices and other essays in moral philosophy*. Oxford, UK: Basil Blackwell Publisher.

Goodchild, S. (2006, July 9). Happiness lessons for all: Schoolchildren will take self-esteem classes to raise standards and cut crime. US guru called in to pioneer radical scheme that could enter the school curriculum. *The Independent*. Retrieved November 11, 2013, from http://www.independent.co.uk/ news/education/education-news/happiness-lessons-for-all-407247.html

Haidt, J. (2006). *The happiness hypothesis: Finding modern truth in ancient wisdom*. New York, NY: Basic Books

Irwin, T. H. (1999). Permanent happiness: Aristotle and Solon. In N. Sherman (Ed.), *Aristotle's ethics: Critical essays* (pp.1-33). Oxford: UK: Rowman & Littlefield Publishers.

Kristjánsson, K. (2002). In defence of 'non-expansive' character education. *Journal of Philosophy of Education, 36*(2), 135-156.

MacIntyre, A. (1985). *After virtue: A study in moral theory* (2nd ed.). London:

Duckworth.

McMahon, D. M. (2013). The pursuit of happiness in history. In S. A. David, I. Boniwell, & A. C. Ayers (Eds.), *The Oxford Handbook of Happiness* (pp. 252-262). Oxford, UK: Oxford University Press.

Oishi, S., Graham, J. & Kesebir, S. (2013). Concepts of happiness across time and cultures. *Personality and Social Psychology Bulletin, 39*(5), 559-577.

Peterson, C. (2006). *A primer in positive psychology.* Oxford, UK: Oxford University Press.

Peterson, C., & Seligman, M. E. P. (2004). *Character strengths and virtues: A handbook and classification.* Oxford, UK: Oxford University Press.

Prior, W. J. (2001). Eudaimonism and virtue. *The Journal of Value Inquiry, 35*(3), 325-342.

Ring, M. (1980). Aristotle and the concept of happiness. In D. J. Depew (Ed.), *The Greeks and the good life: Proceedings of the Ninth Annual Philosophy Symposium* (pp.69-90). Fullerton, CA: CSUF.

Rowe, C. (1993). Ethics in ancient Greece. In Peter Singer (Ed.), *A companion to ethics* (pp.121-132). Oxford, UK: Blackwell Publishing.

Russell, D. C. (2012). *Happiness for humans.* Oxford, UK: Oxford University Press.

Seligman, M. E. P. (1999). The president's address. *American Psychologist, 54*(8), 559-562.

Seligman, M. E. P. (2002). *Authentic happiness: Using the new positive psychology to realise your potential for lasting fulfilment.* New York, NY: Free Press.

Smith, S. (1980). The concept of the good life. In D. J. Depew (Ed.), *The Greeks and the good life: Proceedings of the Ninth Annual Philosophy Symposium* (pp.17-32). Fullerton, CA: CSUF.

White, N. (2002). *Individual and conflict in Greek ethics.* New York, NY: Oxford University Press.

Wringe, C. (1999). Being good and living well: Three attempts to resolve an ambiguity. *Journal of Philosophy of Education, 33*(2), 287-293.

國家圖書館出版品預行編目資料

教育的密碼：教育學核心議題. 二／林逢祺，
洪仁進主編. －－初版. －－臺北市：五南，
2018.12
　　面；　公分
　ISBN 978-957-11-9975-7（平裝）
　1.教育　2.問題集
520.22　　　　　　　　　107016695

112C

教育的密碼
教育學核心議題(二)

主　　　編 ― 林逢祺(139.1)、洪仁進

作　　　者 ― 張建成、張芬芬、沈姍姍、唐淑華、方永泉
　　　　　　　方志華、張鍠焜、洪如玉、陳伊琳

發 行 人 ― 楊榮川

總 經 理 ― 楊士清

副總編輯 ― 陳念祖

責任編輯 ― 黃淑真、李敏華

封面設計 ― 姚孝慈

出 版 者 ― 五南圖書出版股份有限公司

地　　　址：106台北市大安區和平東路二段339號4樓

電　　　話：(02)2705-5066　　傳　　真：(02)2706-6100

網　　　址：http://www.wunan.com.tw

電子郵件：wunan@wunan.com.tw

劃撥帳號：01068953

戶　　　名：五南圖書出版股份有限公司

法律顧問　林勝安律師事務所　林勝安律師

出版日期　2018年12月初版一刷

定　　　價　新臺幣230元